中小企業法務部員のための法律知識

千原　曜［著］

中央経済社

まえがき

私は，都内で，弁護士が約30名在籍する中堅の法律事務所のシニアパートナーです。弁護士登録は1987年なので，2021年１月時点で，30年以上の実務経験を有しています。

私は，弁護士登録した後，だんだんと顧問会社ができるようになり，今では約170社の企業との顧問契約を締結しています。そして，継続的に，企業の経営者や法務の担当者からの質問にお答えし，また，トラブルの相談に乗り，また代理人として交渉，裁判をするという経験を積んでいます。私の顧問先は，消費者に対する直接販売を行う企業が多いですが，その他に，医療法人，宗教法人，学校法人，マスコミ，建築，不動産，製造業，ホテル，ブライダル，各種業界団体，情報システム関係，広告等，バラエティに富んでいます。

そういう中で，ずっと気になっていたのは「企業の経営者や，法務担当者にはあらかじめこういうことが分かっていて欲しい」ということです。それは「民法」や「会社法」などの法律をじっくり勉強するということではなく，「日本という企業社会の中での常識としての法律実務」です。後でじっくり説明しますが，上場企業でも有名企業でも，法律を守らない，知らないことによって，ひどい危機，スキャンダルに見舞われ，最悪の場合は企業が消滅する，経営者が失脚，破産，さらには刑務所に行ったりします。法律を守ることは，企業経営上不可欠なことですが，それをどう伝えるかは難しいところです。

私は，これから顧問契約を始める会社の経営者や担当者，あるいは，顧問会社の新しい担当者の方に是非，それらを分かりやすく伝える「実務本」を，読んでもらいたいと探しましたが，世の中には，上場企業の法務部向けの実務本は数多くあるものの，中小企業や大企業対象でも「日常的な法律事項」に対応した「分かりやすい本」がないということが分かりました。そうであれば，私が書きましょう，というのが本書の執筆の主たる動機です。

私の所属（経営）する，さくら共同法律事務所では，年に２回，クライアント向けの法律セミナーを実施しています（2021年以降はウェブでの実施となっています)。このセミナーは，顧問会社を対象として，皆さんに一番興味がありそうなテーマを選んで，分かりやすくご説明する，という趣旨で行っているものです。この目的のために作成したレジュメが，かなりありますので，それもベースにして本書を執筆致しました。また，私が顧問弁護士業務を行うに当たって，クライアント企業に提供している契約書書式，説明文なども，使用することによって，すべてを「具体的」「実践的」に分かっていただくことを目的としています。

そして，なるべく平易な内容にすることによって，大学の法学部などを出ていない普通のキャリアの方でも，企業法務のイロハ，注意点，弁護士の使い方などを分かっていただければと思います。そして，こちらの情報をもとに，皆さんの会社の顧問弁護士とも適切なコミュニケーションを取っていただければと思っています。

企業の法務は，そんなに難しいことではないと思います。法律の適用になる場面を把握し，後はしっかりした専門家に任せることです。そして，資格のない人の意見はむやみに信用しないことです。本書はおそらく２～３時間あれば，ざっと読み終えられると思います。まずは一読していただき，後は，その問題に当たったときに参照をしていただければと思います。

本書はコロナ禍の2020年の年末から2021年５月にかけて執筆したものです。新型コロナウイルスによって，無駄な通勤，無駄な会議がなくなるなど良い面も出てきています。しかし，やはり早くコロナ禍が収束し，人と人との直接の交流ができる活気のある社会に戻れることを心より願っています。

令和３年11月

千原　曜

目　次

まえがき　i

第１部　なぜ法律知識が必要なのか

§１　はじめに　2

1　法務担当者の能力はピンキリ／2
2　良い経営者は，専門家を大切にする／2
3　法務担当者として要求されるレベルは？／2

§２　法律を知らないために起きた実例　4

1　裁判書類の放置の例／4
2　契約書の不備による巨額の損失／5
3　犯罪をおかしてしまう経営者が刑務所行きになる／7
4　以上のような「極端な例」ではなくても／7

§３　なぜ法律知識が必要か　8

1　コンプライアンスを守らないと会社は窮地に陥る？／8
2　「法律を知ること」の実務的なポイントは？／9
3　企業が依頼する法的専門家／10

§４　企業経営を行う上で，適用される代表的な法律　13

1　民法（借地借家法なども含む）／13
2　商法（総則・商行為法，会社法，手形小切手法）・金融証券取引法／13
3　労働法（労働基準法，労働組合法等）／13
4　知的財産権に関する法律（特許，著作権，商標，不正競争防止法等）／13

5 製造物責任法／14
6 独占禁止法・下請法／14
7 税法（法人税法・所得税法）／14
8 民事訴訟法（民事訴訟法，民事執行法等）／14
9 倒産法（破産法，会社更生法，民事再生法等）／14
10 刑　法／14
11 消費者契約法／15
12 景品等表示法／15
13 個人情報保護法／15
14 個別の業種に対応する法律（建築業法，特定商取引法，宅建業法，証券業法等）／15
15 パワハラ防止法（改正労働施策総合推進法）／16

§5 企業が対応すべき法律事項（弁護士への相談事項） 17

1 法令遵守（コンプライアンス）や内部統制の体制構築／17
2 経営全般・企業の方針転換，危機への対応／17
3 株主総会，取締役会，役員構成，株主対策，定款／17
4 各種の契約書のチェック・作成／17
5 各種法令リサーチ・業務の適法性のチェック／18
6 債権回収のアドバイスあるいは実行／18
7 従業員とのトラブル等の労働関連・会社役員との関連／18
8 知的財産権関連／19
9 企業の行う，あるいは受けた紛争（訴訟等）への対応／19
10 暴力団等の反社会的勢力に対する対応／19
11 企業の終了―清算，倒産手続／20

§6 顧問弁護士（法的専門家）のメリット・意味合い 21

1 企業の「ホームドクター」／21
2 顧問契約の範囲内での業務対応／21

3　リスクマネジメントとしての効用大（弁護士へのアクセスが容易になる）／22
4　有事においての迅速な対応／23
5　経営全般のコンサルタントとしての活用／23
6　訴訟等の紛争についての対応／23
7　複数の弁護士の利用が可能／23
8　外国関連業務への対応／24
9　企業の信用力向上／24
10　役員・従業員の福利厚生／24

第2部　取引を安全に開始するために

§1　典型的な例（取り込み詐欺）　28

§2　取引の相手方の調査の必要性と方法　29

1　民間信用情報機関の活用／29
2　取引にあたって調査票の提出を要求／30
3　取引にあたって決算書（貸借対照表，損益計算書）の提出を要求／30
4　商業登記簿謄本，不動産登記簿謄本の入手・債権譲渡登記の調査／31
5　事務所への訪問／32
6　事前のみならず継続して調査する必要性／32

§3　契約書の重要性　34

1　「取引基本契約書」等の作成の効用／34
2　契約書の種類について／34
3　自前の契約書の用意／35
4　契約の変更／35

§ 4 事前の担保設定 37

1 現金決済が最も望ましい／37
2 手形・小切手の入手／37
3 保証金の受領／37
4 不動産担保／38
5 連帯保証人／38
6 物品の所有権・知財権利の留保／39
7 債権譲渡特例法／40

第３部 取引を円滑に継続するために

§ 1 企業における経営者，あるいは法務・管理部設置の目的 42

1 法律に違反しないこと／42
2 法律に違反をすると，どのようなペナルティ・損害を受けるか？／43
3 法律を上手に利用すること／44
4 取引を円滑に継続すること→債権を滞りなく回収すること／44

§ 2 回収トラブルを未然に防ぐための「10か条」 46

1 基本契約書の作成・締結／46
2 個別契約の締結―伝票等の証拠を残す必要性／47
3 請求書の送付／48
4 保証（担保）を取る／49
5 取引先の経済状態等を継続的にチェックする／50
6 支払が遅延した場合の迅速かつ毅然たる態度／50
7 危険な所との取引は行わない，あるいは停止する／51
8 特定の取引先に依拠しないような経営方針／51
9 債権管理，回収の責任部署を整備／52
10 保険，共済の活用／52

§3　取引基本契約書の作成　53

1　継続的な取引の場合は必ず基本契約書を作成する／53
2　基本契約書の作成を弁護士に委任する意味合い／54
3　基本契約書に盛り込むべき一般的な事項と検討／55
4　相手方から提示された契約書について／80

§4　取引を終了する場合の注意　90

1　期間満了による終了／92
2　契約期間中での終了／92
3　合意による終了／92
4　契約終了の通知書について／92
5　契約終了後の注意点／92

第4部　債権の回収方法

§1　滞りなく債権回収を行うための方策　96

1　正しいシステムの構築（事前の調査，契約書の作成，担保の重要性）／96
2　支払が遅延した場合の即時の毅然たる対応／96

§2　債権回収が滞った後での効果的な回収方法（法的手続以外）　98

1　まめな催告（電話，通知，直接訪問）／98
2　現物の引き上げ／98
3　交渉材料を利用しての債権回収／99
4　内容証明郵便の発送／100

§3　債権回収が滞った後での効果的な回収方法（法的手続）　106

1　担保実行・保証人への請求／106
2　訴訟等の法的な手続き～請求する対象者～／107
3　仮差押（仮処分）／108
4　本訴訟の提起／112
5　強制執行／119
6　破産申立等／122

§4　債権回収に失敗した場合　125

1　取引金融機関，取引先対策（上場企業の場合，株主対策もある）／125
2　税務上の処理／125
3　原因の分析と今後の対策／125
4　保険，共済金の受領／126
5　会社経営に支障が生じた場合／126

第5部　企業のための改正民法（債権法）の実務対策

§1　はじめに　130

1　債権法改正の企業への大きな影響と対策の必要性について／130
2　民法と契約書の関係について／130

§2　改正民法（債権法）の実務対策　132

1　契約不適合責任①（サービス提供型の契約の場合）／132
(1)　サービス提供型の契約／133
(2)　サービス提供型契約の契約不適合責任／134
(3)　サービス提供型契約の契約不適合責任の消滅時効期間／135
(4)　対　策／136
(5)　生命・身体の侵害による損害賠償請求権の消滅時効／137

2　契約不適合責任②（売買契約の場合）／138
(1)　売買契約の契約不適合責任／139
(2)　売買契約の契約不適合責任の消滅時効／139
(3)　対　策／140

§3　保証①（極度額の定めが必要な場合）　141

(1)　根保証とは／141
(2)　個人根保証契約における極度額の定めの必要性／143
(3)　対　策／143

§4　保証②（公正証書の作成が必要な場合）　145

(1)　保証契約に関し公正証書の作成が要求される場合／145

§5　定型約款①（拘束力が生じる要件）　148

(1)　定型約款に関する規定を設けた理由／148
(2)　約款の要件／149
(3)　約款の拘束力が生じる要件／150
(4)　不当条項規制／151

§6　定型約款②（変更）　153

(1)　定型約款変更の要件／153
ア　要件①（実体面）・153
イ　要件②（手続面）・155

第6部　企業倫理を重視する目的について

I　企業倫理を遵守する基本的な目的は？　158

Ⅱ 「王将事件」に関する第三者委員会の調査報告書の公表内容とその評価 159

1 報告書に基づく王将事件の概要／159
2 報告書が指摘する原因と考えられる問題点／159

Ⅲ 「王将事件」から考える，企業の倫理上のポイント 162

最後に 165
参考文献・資料 166
索　引 167

第 1 部

なぜ法律知識が必要なのか

私は，弁護士としての実働が30年を超え，近年ではクライアントからはベテラン弁護士などと言っていただいています。事務所の所在地は東京の四谷駅東口駅前の新築タワービルで，約30名が所属する中堅法律事務所のパートナーとして経営に参画しています。

2021年５月現在，約170社の企業の顧問弁護士をしており，毎日のように，企業の経営者や法務担当の人からの相談を受けています。今は，ほとんどメールによる相談や，Zoom会議になっています。私の顧問会社は，上場会社，有名企業は20社以下であり，それ以外の多くは，世間にあまり名前が知られていませんが，堅実な中堅企業，小規模企業がほとんどです。

本書は，多くのクライアントの中小企業法務担当者と接して，この点だけは絶対に必要だと感じた事項を私の今までの経験からまとめてみました。

§1　はじめに

1　法務担当者の能力はピンキリ

顧問会社の法務担当者には，さまざまなレベルの方がおられ，「この人がいれば会社も安心！」という高い水準の方もいれば，本当に“箸にも棒にもかからない”くらい基礎的な知識もなく，私のほうから会社に「法務担当者が無能だから変えて欲しい」と言いたい（言えないですが）というような人もいます。たとえば契約書のチェック１つを取っても，「こんな基本的なことが分かっていないのか」「ここまで説明しないと分からないか」と感じることも年がら年中です。もしくは，見当違いの部分を，何度も何度も質問してきて，その担当者の業務が深夜に長時間にわたって行われているような状況のときは，「会社は全く意味のない作業に多額の残業代を支払っているなぁ」と思います。これも言いたくても，なかなか言えないことですが。

2　良い経営者は，専門家を大切にする

また，企業の経営者からの相談を受ける機会も多いですが，「少しでも法律が分かっていれば，もっと良い経営ができるのに」と思うことがよくあります。企業経営には，法律を知ること，正確に言えば，法律が適用される場面を知り，適切な専門家のアドバイスを受けること，専門家以外の人のテキトーなアドバイスを真に受けないこと，はとても大切なポイントです。私はイチから会社を大きくした経営者をたくさん知っていますが，皆さん，例外なく弁護士だけではなく専門家を大切にしています。

3　法務担当者として要求されるレベルは？

そういう中で，顧問弁護士として，「法務担当者は，最低限，この程度の基礎知識は持っていて欲しい」「そういう基礎知識が分かるような本や講座があ

ればいいのに」とずっと感じていました。これは大学の法学部を出ても，さらには司法試験のための受験勉強をしても，それだけで身につくものではありません。

私は，そういう趣旨の本が出ていないかを，Amazonでチェックしました。大手法律事務所などから，いろいろな法務部向けの本が出ていますが，多くは，「上場会社や大規模会社向け」の取扱事項のレベルが高いものであり，私が意図するような，一般的な中小企業経営者，法務部初心者，あるいは経理と法務兼務のような立場の方向けの本は，（私が見る限り）見当たりませんでした。

考えてみれば，私ほど中小企業の法務を見ている弁護士も，日本中そうはいないはずです。「ないなら，自分で書いてしまおう」というのが本書執筆の動機となっています。この本を，私の新規の顧問会社の法務担当者や，あるいは，既存の顧問会社の新規の法務担当者などにも渡して，事前に読んでもらい，こちらの知識を共有した上で，法律顧問業務を行えば，お互いハッピーになるのでは？　という気持ちもあります。

（標準レベルの素養と，一定のやる気があることがあることは前提ですが），誰でも，一定の基礎知識があり，ちょっとしたコツ，お作法が分かれば，後は，顧問の法律事務所やその他の専門家と適切にコミュニケーションをとることによって，会社の法務担当者は十分に務まると思います。企業の経営者にとっての法律案件への対応もそれで十分だと思います。本書をざっと読んでもらって（せいぜい２～３時間だと思います），その上で，日常の法務業務に対応し，良い企業経営者，あるいは有能な法務担当者になってもらえればと思います。

§２　法律を知らないために起きた実例

それでは，企業はなぜ法律知識が必要なのでしょうか。それは法律を知らないで企業を運営すると，企業は，経済的に損失を被り，最悪の場合，倒産する，あるいは経営者などが逮捕されて刑務所に行くなどの大きなリスクがあるからです。

そのようなことを防ぎながら，利益を求めることが企業の取るべき姿勢となります。

下記は，すべてかなり「極端な例」ではありますが，私が経験した実例を，少しアレンジして，ご紹介したいと思います。

１　裁判書類の放置の例

私が見聞した，企業の失敗例①

① A社はB社に2,000万円で内装工事を依頼しましたが，B社は非常にいい加減な会社で，納期が大幅に遅れた上，工事内容も杜撰（ずさん）でした。結局，A社は別の会社に依頼して補修工事を行いましたが，B社の不始末のため，1,000万円以上の余分の費用がかかりました。B社は2,000万円の内装工事の代金を請求してきましたが，A社はもちろん，納得ができず，支払をせずに，そのままになっていました。

② その後，A社には，裁判所から書類が届いたが，訳が分からないので放置しておきました。書類は何度か届きましたが，それもそのまま放置しておきました。

③ そんなある日，裁判所からの命令で，B社によってA社の取引銀行Cバンクの口座が差し押さえられてしまい，2,000万円全額をB社に取られてしまいました。

④ 慌てて，A社では裁判所からの書類を検討したところ，B社から2,000万円の工事代金を求める訴訟が提起され，A社が出席しないままに判決が

出ていました。この判決に基づく差押えでした。

⑤　A社は弁護士に相談したが，すでに裁判は確定しており，争いようがない状態になっていました。結局，不当な工事なのに，反論できないまま2,000万円を相手方企業に取られてしまい，さらに，Cバンクの銀行口座の差し押さえによって，A社は，C銀行の信用も喪失し，深刻な経営危機に陥ることになりました。

必要であった法律知識⇒民事訴訟法（もしくは業務上の常識感覚）

⑥　訴訟が提起され，答弁書の提出，あるいは，何の連絡もなく第１回の期日を欠席すると，「欠席判決」が出て，相手方（原告）の主張が全面的に認められる判決が出てしまいます。※裁判所は書類審査だけで，原告の主張を正当と認めて，原告の勝訴判決を出します。

⑦　判決が出て，判決文が送達されてから２週間控訴しないと判決は「確定」し，その後は（基本的には）どんなに正当な主張があっても，判決内容を変えることができなくなります。

上記のような事例の他に，小さな会社において，不始末をしでかした担当者が，相手方の会社から来た，損害賠償請求を求める内容証明郵便や，さらに裁判所からの書類を，全部，自分で受け取った上で，デスクの中にしまい込んでいて，同じように判決が確定したということもありました。この案件は，相手方企業で起きたことなので，弁護士としては楽でしたが。

２　契約書の不備による巨額の損失

私が見聞した，企業の失敗例②

①　新興のシステム会社のA社は，B社から大規模なシステム開発を請け負いました。B社は有名企業であり，A社としては，とてもモチベーションの上がる業務でした。

②　B社から業務請負契約書のドラフトが提示され，A社は，顧問弁護士の

チェックを受けました。顧問弁護士は，大規模なシステム開発では，トラブルも多いことから，A社の負担する損害賠償請求金額の上限を一定金額とする条項が絶対に必要だ，と指摘しました。B社からのドラフトには損害賠償金額の制限に関する条項はありませんでした。

③ しかしA社としては，今回のシステム開発案件は，「どうしても取りたい」「B社との関係を繋ぎたい」事業であったため，B社の機嫌を損ねて案件を取り逃すことを恐れました。A社の社長も，営業上の判断を最優先して，B社の提示した内容でそのまま業務請負契約書を締結しました。

④ A社が業務に着手したところ，案の定，さまざまなシステム開発上の問題が持ち上がり，納期を大幅に経過した末に，B社から契約を解除され，システムが完成しなかったことによる機会損失など数十億単位の賠償請求を受けました。新興企業のA社の積年の利益は吹っ飛び，企業経営上，深刻な事態に陥っています。

考慮すべきであったこと⇒契約書の重要性

システム開発案件，特に大規模な案件は，問題が起きた場合の賠償リスクも非常に大きいです。営業利益の追求はもちろん重要ですが，問題が起きた場合に対する備えも重要です。会社の姿勢として，必要な条項はしっかり交渉を行い，どうしても相手方に受け入れられないときは，撤退もやむを得ないという判断が必要です。

ちなみに2012年には，スルガ銀行のシステム開発を請け負った日本IBM社が74億円という巨額の賠償命令を受けています。こちらは複雑な争点がありますが，いずれにせよ契約書において賠償金額の上限を設ければ，このような金額の賠償義務は存在しなかったものです。

一方，単価が低くても，万一問題が起きれば巨額の賠償金額になるような案件であれば，賠償金額の上限を設けることは，より必須になると思います。たとえば200万円の単価で，原子力発電の基幹部分の設計に関わる業務を受注するなどの場合（極端な例ですが），賠償金額の上限を200万円にする契約条項が入らない限り，絶対に受けるべきではないと思います。

3　犯罪をおかしてしまう経営者が刑務所行きになる

私の見聞した，企業の失敗例③

① A社の子会社であるB社は銀行から10億円を借りて都内に貸しビルを建築し，同貸しビルには，銀行の抵当権が設定されました。A社はB社に役員派遣をしており，コンサルタントフィー名目で，毎月高額の資金を吸い上げていました。

② B社はコロナ禍などの影響もあって，経営難に陥り家賃収入も激減して銀行への返済が滞ってしまいました。しかし，A社は相変わらず，B社からのコンサルタントフィーは吸い上げていました。

③ ある日，警察が来て，A社の社長は強制執行妨害罪で逮捕されてしまいました。

必要であった法律知識⇒刑法（もしくは倫理感覚）

強制執行が行われるかも知れない状態（担保権者である銀行への債務の支払が滞っている状態）で，財産の隠匿や仮装譲渡を行うと，強制執行妨害罪となり，３年以下の懲役刑若しくは250万円以下の罰金刑が科せられます。実態のないコンサルタントフィーの受領は，これに該当してしまう可能性があります。

4　以上のような「極端な例」ではなくても

例えば，会社において，労働法関係の知識がないため，解雇が無効となる，多額の残業代の請求を受ける，あるいは，不正競争防止法等の知識がないため，退職した従業員に顧客情報などの会社の重要な営業機密を利用されて，かつ何もできない等の問題は日常的に起きています。

企業経営者や，法務担当者として，どのようなポイントで法律問題を扱い，また，正しく顧問弁護士を利用するか？　という一般的な観点でご説明をしたいと思います。

§３　なぜ法律知識が必要か

１　コンプライアンスを守らないと会社は窮地に陥る？

同じテーマでさらに詳しくご説明したいと思います。

コンプライアンス（法令遵守）の重要性や企業倫理の点は，どの企業も，形式的には分かっていると思いますが，実際には，多くの日本の企業は，きちんと理解しているとは言えません。ここ数年の事例を挙げても，東芝，電通，三菱自動車，大手ゼネコンなどの日本の代表的な企業も含めて，次々と問題が起こり，経営上も大きな打撃を受けていることは記憶に新しいところです。

特に日本の場合，法律の適用についても，ダブルスタンダード的な部分があり，今まで事実上，許容されていたことが，ある事象をきっかけに，摘発対象になるということは，よくあることだと思います。女性社員の不幸な自殺をきっかけに労働問題が一気に表に出た電通などはその典型例だと思います。

近時の大会社の問題例

- 東芝：粉飾決算によって信用を下落させ，企業自体の存続が危ぶまれる状況まで行きました。最終的には当時の経営陣の民事，刑事両面での責任追及も検討される状況となってしまいました。
- 電通：労働基準法違反によって，社会的な問題となって，企業のレピュテーションを大幅に下げました。更にこれをきっかけに，無関係のマスコミ関連等の各企業にまで労基署が入って，厳しく調査，指導を行っており，社会的なマイナスの影響が極めて大きいです。
- 三菱自工：こちらは不当表示によって，会社自体の独立性が確保できないほど信用，業績が毀損し，また，消費者庁から景品表示法違反によって約５億円の課徴金を課されました。

- 大手ゼネコンによるリニア談合：
  2020年12月，大成建設，鹿島建設，大林組，清水建設の日本を代表するゼネコンが，リニア新幹線の建設業務をめぐって談合を行ったとされて，排除命令処分を受け，また，大林組と清水建設には約43億円もの課徴金が課されました。

以上の実例から分かるように，企業は営利活動を行う組織ですが，誕生，存続，再編成，終了清算に至るまで，あらゆる過程において，すべて法律に規定されています。よって，守らないと，大変な損害を受けます。

上記企業が法律を守らなかった背景は何でしょうか？　いろいろ分析されていますが，

- 大企業であることの驕り，法律の軽視
- 責任をもって法律を守るという考えを持った経営者の不在
- 「法律問題」を把握して，適正な専門家の意見を聞くという社内システムの不在
- 利益追求最優先で，企業倫理が欠如している

ということでしょうか。

2　「法律を知ること」の実務的なポイントは？

上記のようなリスクを避けるためには，正しい意味，実務的な意味で「法律を知ること」です。このような意味での法律を知らないで，企業経営を行うことは，「荒海に羅針盤なしで航海に出る」ことに等しいものと考えられます。コンプライアンス遵守，企業倫理についても同じレベルの話になると思います。

先に挙げた例は，法律を知らないで窮地に立った例ですが，逆に法律に通じていれば，通じていない他企業より，あらゆる意味で優位に立てるケースも多

いと思います。

企業の営業を行うにあたって，企業経営者・法務担当者はもちろん，現在または将来管理職や経営者となる立場の方には，最低限の法律知識は必要です。

ただ，素人が中途半端に法律を理解することはかえって危険なので，顧問弁護士などの身近に相談できる法律の専門家の存在が重要となります。本書で繰り返す「テーマ」は以下のことに尽きます。

①　「最低限の法律知識」を持って，

②　「法律的に考えるべき場面」を「察知」し，

③　必要な場合は，信頼できる「顧問弁護士等の資格を持った専門家に早めに相談する」ことが大事なポイントとなります。

3　企業が依頼する法的専門家

なお，弁護士以外にも下記のような法的な専門家，いわゆる「士業」があります。弁護士以外にも，それぞれの分野，法律の専門家をうまく使うことによって，企業が直面する法律問題に適切に対応していくことが大事です。

私も顧問会社から相談を受ける過程で，私が提携している下記の専門家をご紹介することがよくあります。各分野において信頼できる法的な専門家を探し，積極的に相談，活用し，良い専門家であれば良い関係を構築することが望ましいです。

（代表的な法的な専門家）

①　弁護士―法律

※こちらは言うまでもないですね。弁護士法という法律があって，訴訟や紛争交渉を典型とする「法律事務」は，弁護士だけが取り扱うことができます。これに違反して，無資格者が法律事務を行うと，刑事罰を受けます。こうして業務を独占する反面，法律に基づく守秘義務をはじめとする厳しい倫理上の義務が課せられており，違反すると弁護士会から懲戒処分を受け，程度が重いときは資格を失います。弁護士は法令上の守

秘義務があるので，弁護士との顧問契約書や委任契約書においては，あえて守秘義務条項を入れる必要はありません。

② 公認会計士―会計，税務

※こちらも弁護士と並んで，難しい試験を突破しなければならないなど，典型的な資格業務ですよね。大きな企業であれば，監査法人と契約をして，そちらに所属する公認会計士から指導を受けるパターンが多いです。

※公認会計士が合わせて税理士登録をして，税理士業務を行うケースも多くあります。そうすると，「税理士としての公認会計士」から指導を受けることになります。

③ 税理士―会計，税務

※顧問の税理士がいない企業はほとんどないでしょう。顧問弁護士以上に身近な相談相手という位置付けになっている企業も多いと思います。親切で適切な税務知識を持っている方を選びたいところです。

④ 弁理士―特許，商標

※「特許事務所」と呼んだ方が分かりやすいかも知れません。特許を得意とする弁理士さんと，商標を得意とする弁理士さんがいると思います。特許や商標に関連する業務がなければ，あまり接点がない企業も多いと思います。企業ブランドを守るためには商標の取得，管理は非常に重要です。また良い特許を持てば，大きな収益につながり，また逆に特許侵害をすれば大きなリスクがあることはよく知られていますよね。

⑤ 司法書士―不動産登記，商業登記

※会社の設立，あるいは取締役や代表取締役などの役員の変更の登記をするときに，よくお願いすると思います。また，不動産の売買や抵当権の設定をするときにもお願いすることになります。また，取り扱う金額に制限がありますが，弁護士と同じ法律業務をすることが可能であり，実際に行っている司法書士さんもいます。

こちらは不動産業や金融業以外では，日常的にお付き合いをする企業は少ないと思います。

⑥　社会保険労務士—労務管理一般

※会社の就業規則の作成，時間外労働などのシステム作りなどをお願いするケースが多いと思います。労務管理が重要なコンプライアンス事項になっている現在においては，良い社労士さんを見つけて，継続的にアドバイスを受けるのは，とても大切なことだと思います。

※弁護士との業務範囲の違いは？

労働分野で，弁護士が主に対応するのは，紛争への対応や，法律に基づく紛争の予防だと思います。たとえば，労働審判や訴訟が起きた，労働組合やユニオンなどから団体交渉の申し入れがあった場合などです。また「社員を解雇したいが問題ないか？」等の相談にも，弁護士が応じることになります。一方，社労士さんは，日常的な労働環境の設計，たとえば就業規則等の諸規則の作成や変更時のアドバイス，会社のタイプに応じた労働型のアドバイス等を行うことが多いと思います。

⑦　行政書士—建築許認可・外国人雇用・風営法認可等

※上記のような一部の専門分野についての許認可のスペシャリストという位置付けになると思います。私が知る限り，本当にピンキリであり（弁護士も同様ですが），専門分野について，とても有能で頼りになる人がいる反面，法律で禁止されている弁護士業務を違法を承知で取り扱い，結局，クライアントに迷惑をかけているような人もいると思います。悪徳な専門家が一定割合いるのは，どの士業でも同じですけどね。

§4　企業経営を行う上で，適用される代表的な法律

続いて，われわれ弁護士が，企業から法律相談を受けるに当たって，検討する代表的な法律は以下のとおりです。相当の数があることがご理解いただけると思います。こちらの内容を詳細に理解する必要はありませんが，基礎的な教養として，ざっくりした内容，守備範囲を理解し，会社において問題になりそうな場面を察知し，必要であれば法務部が調査をする，顧問弁護士に相談するという対応を行う必要があります。

1　民法（借地借家法なども含む）

企業が行う取引全般に適用になる基本法です。

2020年4月施行の民法改正（債権法）については，各企業はきちんと内容を把握して，自社に当てはまる点に対応する必要があります。

2　商法（総則・商行為法，会社法，手形小切手法）・金融証券取引法

民法は個人の取引，生活も規定する法律ですが，商法は，基本的には企業の法律関係に特化して民法に優先して適用になります。

3　労働法（労働基準法，労働組合法等）

会社は従業員を雇用しますので，労働法は，非常に重要な法律です。雇用や賃金，解雇等のトラブルは企業に非常によくあり，労働法に従って判断されることになります。また電通の例のように，違反については労働基準監督署の指導の対象となることもあります。違反しないために，弁護士や社労士の指導を受けて体制を作ることになります。

4　知的財産権に関する法律（特許，著作権，商標，不正競争防止法等）

これらは会社の有する無形の資産を保護するための法律です。「自社の権利を守る」という視点と，「他社の権利を侵害しない」という視点が必要になり，弁護士や弁理士の指導を受けて対応すべき専門的な法律だと思います。

5　製造物責任法

商品の製造や販売を行うすべての企業がこの責任を負担することになります。

6　独占禁止法・下請法

企業取引において立場に優劣がある場合，法律の定める一定の行為が禁止されます。契約で定めても無効になります。また違反については課徴金の対象になるなどの制裁が科せられます。

7　税法（法人税法・所得税法）

企業経営と税務は切っても切れない関係がありますよね。税金の支払いは少しでも少ない方が良いですが，あまりに攻めすぎると，税務調査が入って巨額の追徴金の対象になる，また金額が大きいと経営者が逮捕されて有罪判決を受けるなどのリスクがあります。マスコミで始終報道されていますよね。儲かっている企業ほど違反リスクが高くなると思います。良い税理士さんを見つけて，しっかりと対応する必要があります。

8　民事訴訟法（民事訴訟法，民事執行法等）

訴訟を行う場合，あるいは訴訟提起を受けた場合に適用になります。こちらは弁護士に任せてアドバイスを受ける形になります。

9　倒産法（破産法，会社更生法，民事再生法等）

多くは「取引先の倒産」という形でこちらの法律に触れることになります。ただ，経営不振による自社の倒産の場合は，こちらの法律に基づいて清算を行うことになります。専門の弁護士に相談して対応するしかない場面です。

10　刑　法

たとえば企業が詐欺的な取引を行った場合，企業自体は刑務所に行くことができませんが，関与した会社の経営者が詐欺罪で処罰を受けて，刑事裁判を受け，程度が重ければ懲役刑等を宣告されることになります。企業のコンプライアンス上，「刑法に違反しない」というのは基本中の基本になると思います。

11　消費者契約法

企業が対消費者取引を行う場合，企業と比べて「弱い立場にある」消費者を守るための法律です。消費生活センター等の行政窓口は，こちらの法律に基づいて，対消費者との取引について企業に介入して，返金等を要求してきます。対消費者取引を行う企業は，弁護士と相談して，しっかりと対策を講じておく必要があります。

12　景品等表示法

主に「表示」の点がポイントになります。企業が消費者向けに広告等，商品やサービスの訴求を行う場合，消費者に誤解を与えるような表示をすると，消費者庁の指導を受け，程度によっては行政処分を受けて，課徴金を課せられるなどのリスクに見舞われることになります。攻めた広告を行う場合は，事前に弁護士に相談して内容をチェックする必要があると思います。

13　個人情報保護法

すべての企業が個人情報を扱います。「消費者」に対して販売する企業はもちろん，それ以外の企業も「従業員」の個人情報を扱います。特に「顧客リスト」を保有する企業は，この法律に従って，しっかりと管理する必要があります。また漏洩することのないように管理体制を整えることも大事です。個人情報保護法への違反は，今のところそれほど重大な処分を受けませんが，今後は，法改正によってどんどん強化されることが予定されています。改正の多い法律ですので，その都度，しっかりと内容を把握して必要な対策を講じる必要があります。

14　個別の業種に対応する法律（建築業法，特定商取引法，宅建業法，証券業法等）

各社は自社の営業に特別に適用になる上記例のような法律を知り，それをしっかりと守る必要があります。違反した場合，多くは営業停止などの厳しい行政処分，また刑事罰などが規定されており，違反のリスクは会社の生死につながります。各法規に習熟した専門の弁護士と契約し，また，自社でも当該法律をよく知る法務スタッフを育成し常置する必要があります。

15　パワハラ防止法（改正労働施策総合推進法）

2020年６月から一部企業に対して，2022年４月からはすべての企業に対して適用になります。パワハラ，セクハラを企業からなくすために，相談窓口の設置やハラスメント講習などの体制づくりが義務付けられます。従業員の就業環境保護のため，各企業において，担当部署を設けて，しっかりと対応する必要があります。

以上，ざっと法律を挙げました。このほかにも多くの法律があります。これらに違反しないように，また場合によってはうまく活用できるよう，顧問弁護士等の専門家と相談し，社内に法務部門を設けて，違反のリスクを避けるのがよいでしょう。

§５　企業が対応すべき法律事項（弁護士への相談事項）

さて，続いて，企業が対応しなければならない，また，弁護士に相談して対応すべき，代表的な法律事項を紹介します（下記の表のとおり）。基本的には企業の経営者や法務部が把握して対応すべきものです。この機会に，自社に当てはめて検討してください。

１　法令遵守（コンプライアンス）や内部統制の体制構築 ※上場企業では当然に要求されますが，一般企業でも，一定の規模になったら体制構築は必要だと思います。公認会計士や弁護士に相談して，自社としての内部統制システムを作ることで，法律違反等による損失のリスクを避けることができます。
２　経営全般・企業の方針転換，危機への対応 ①　企業の設立・会社分割・事業譲渡・合併等 ②　増資等の資本の変化 ③　株式公開（東証一部二部，ジャスダック，マザーズ等） ④　巨額の借入，金融機関との債務の返済条件に関する交渉 ⑤　企業の経営権に関する紛争 ⑥　その他，企業が重大な危機に陥った場合の対応（不祥事等） ※企業はずっと平穏無事というものではありません。大きな方針転換，危機に直面する事態は当然に予想すべきです。
３　株主総会，取締役会，役員構成，株主対策，定款 ※企業の根幹というべき基本構成です。「企業の経営権を誰が把握するか」という視点から言えば，非常に重要なものです。
４　各種の契約書のチェック・作成 （例） ①　オフィスの賃貸借契約書。

② 取引先との間で締結する基本契約書や秘密保持契約書等
③ 従業員との労働契約書
④ ライセンスビジネス等に関する複雑な契約書
※契約書に関心を持たない企業はいつか重大な危機に陥ると思います（あるいは契約書があれば，当然できたはずの権利主張ができないことも多いです）。また，自社の基本契約書については，2020年４月施行の改正民法に対応しているかの検討が必要です。

5　各種法令リサーチ・業務の適法性のチェック

① 業務上，適用となる法令の把握
② 業務等に関する適法性のチェック
※たとえば，「この業務を行う場合，どのような許認可が必要ですか？」「この業務を行う場合，どのような資格，あるいは要件を整える必要がありますか？」「この広告内容は景表法に触れませんか？」「この条項は独禁法に触れませんか？」といったことを１つずつチェックしていく。

6　債権回収のアドバイスあるいは実行

① 円滑に債権回収ができるための社内システムの構築
② 債権回収に滞りが生じた場合に行う，必要な手続。
③ 取引先の破産，民事再生等の倒産への対応。
※第４部で詳細に説明します。

7　従業員とのトラブル等の労働関連・会社役員との関連

① 従業員の雇用や契約終了，解雇等の法律関係。
② 賃金（給与，残業代等）の支払関係。
③ 従業員・役員が会社に損害を与えた場合。
④ 従業員・役員が第三者に損害を与えた場合。
⑤ 労働組合，外部ユニオン，労基署等への対応。
⑥ ハラスメントの防止対策。

※労働法やハラスメント防止法等を守るべく対応する必要があります。

8　知的財産権関連

①　著作権，特許権，商標権等の調査，取得。

②　自社が有する権利を侵害する第三者への調査，警告，法的手続。

③　従業員・役員（特に退社後）から会社の知的財産権を守る。

④　知的財産権についての法的紛争。

※知財は会社にとっての重要な財産です。自社の知財は戦略的にしっかりと守る必要があります。

9　企業の行う，あるいは受けた紛争（訴訟等）への対応

①　取引先との紛争。

②　役員・従業員（退職した役員・従業員も含む）との紛争。

③　競合他社との紛争。

④　知的財産権についての紛争。

⑤　金融機関との紛争。

⑥　管轄行政等との紛争

⑦　会社の経営権を巡る紛争

※軽微なものを除き，顧問弁護士に相談，委任をして対応すべき典型的なものになると思います。

10　暴力団等の反社会的勢力に対する対応

①　絶対に反社と関与しないための体制作り

②　万一，反社と関与してしまった場合の対応

※反社会的勢力との関与は，犯罪を行うことに等しく，大きなリスクを伴います。

①　をしっかりと整えるとともに，

②　の場合は，すぐに顧問弁護士に相談し，また警察の助力を受けるなど，迅速な対応が必要です。

11　企業の終了ー清算，倒産手続

① 取引先の倒産への対応

② 自社や子会社等の清算

※破産，会社更生，民事再生法，民事特定調停等の法的な清算の他，夜逃げのようにして消え，事実上倒産してしまうケース，清算という形で終了するケースなどがあります。円満な終了のためには弁護士等の専門家に相談して対応するのが基本です。

コラム　弁護士への相談

「こんなことを先生にご相談してよいか分かりませんが……」。よく顧問会社の担当者のメールに入っている言葉です。確かに，相談内容によっては，「税理士さんに相談してください」「特許事務所（弁理士）に調べてもらってください」という回答になることもあります。

ただ，法律実務の中心にいるのは，弁護士なので，遠慮をせずに，どんどん顧問弁護士に相談するほうがよいです。私の顧問会社の中には，毎日のようにご相談がある会社も多いですが，１年に１～２度あるかどうか，という会社もあります。せっかく顧問契約をしたら，遠慮せずに，どんどん顧問弁護士を利用するとよいと思います。また，「こちらは私の専門分野ではありません（終わり）」のような，にべもない回答をする顧問弁護士は，他の親切な弁護士にチェンジすることを検討されたがほうがよいです。

§6　顧問弁護士（法的専門家）のメリット・意味合い

これまでご説明してきたような，さまざまな法律を守り，あるいは法律が適用される場面に適切に対応するためには，一定の規模を持つ企業においては，顧問弁護士など，日常的に相談できる弁護士を確保して，アドバイスを求め，状況によっては案件を委任するなどの対応が必須となります。

良い顧問弁護士を確保すれば，法律に違反するリスクを未然に回避できます。また，極端な話，「慣れていない従業員が何十時間もかけて作成し，かつ内容もこなれていない契約書」より，「顧問弁護士が手持ちのサンプルをもとに10分で用意した契約書」のほうが優れているというケースも多くあります。

以下のようなメリット，意味合いで考えてみてください。そして，弁護士をうまく使って，リスク軽減，業務の効率化を図ってください。

1　企業の「ホームドクター」

各企業の具体的な業務内容，歴史，経営者の方針，性格等の情報を覚知した上で，相談内容に対する方針決定ができます。いわば患者の病歴や健康状態を把握しているホームドクター的役割を果たします。

私の顧問会社には25年以上，顧問契約を締結しているところもいくつかあります。例えば某上場企業においては，私より古くから創業社長と知り合っていた役員，従業員はわずか数名というところもあります。そこまでではなくても，企業の法務担当者などが転職した場合，過去の案件など，顧問弁護士のほうが適切に把握しているケースも多くあると思います。

2　顧問契約の範囲内での業務対応

顧問弁護士は，顧問契約の範囲内の法律業務であれば，定額の顧問料の範囲内で行います。どこまで対応してくれるか？　というのは，顧問料や各弁護士によってさまざまだと思います。私は企業と顧問契約を締結する場合は，月額

５万円が最低金額ですが，私が顧問契約書に，「顧問料の範囲内業務」，「範囲外で別途請求する業務」と分けて記載しているのは，下記のとおりです。

顧問料の範囲内業務
　⑴　法律相談，法律調査
　⑵　契約書等のチェック，サンプルの提供等のアドバイス
　⑶　定型的な内容証明郵便の送付および簡易な交渉
　⑷　その他，顧問料の範囲内と認められる法律事務
顧問料の範囲外として，別途見積もりを行う業務
　⑴　訴訟やこれに類する争訟案件
　⑵　非定型的な契約書の作成やこれに類する業務
　⑶　非定型的な内容証明郵便の送付や交渉
　⑷　コンプライアンスセミナー等の実施
　⑸　他言語を使用する外国関連の業務
　⑹　弁護士事務所外での会議出席

★なお，第３部§３末尾に，私が締結している顧問契約書の書式を載せますので，ご参照ください。

３　リスクマネジメントとしての効用大（弁護士へのアクセスが容易になる）

顧問契約がない弁護士に相談，依頼する場合，多くは，然るべき人の紹介を受けた上で，社長や担当役員など，上の立場の人が，弁護士事務所を訪問して，面談，相談することになると思います。しかし，顧問弁護士であれば，そのような必要はなく，複数の担当部署から直接，弁護士に連絡して法律相談を行うことができます。近時はメールによる相談が圧倒的に多いです。これによって弁護士へのアクセスが容易になり，問題の発生を予防する意味で効果が非常に大きいと思います。

4　有事においての迅速な対応

例えば，最近でも，私は顧問会社から朝イチの携帯への電話で「今朝，従業員が会社に出勤途中に重大な交通事故を起こして，警察から連絡があった。どうしたら良いか？」「今，談合を巡って警察から呼出を受けているがどうしたら良いか？」という相談を受けました。このようにいつ何時，どのような問題が起きるかは分からない世の中ですが，顧問弁護士がいれば，何か問題があった時に，いちいちつてを辿って，優秀かつ信頼できる弁護士を探す必要がありません。

また，弁護士以外の専門家についても，当該弁護士が有する他の専門家のネットワークを利用して，迅速に紹介してもらうことが可能になります。

5　経営全般のコンサルタントとしての活用

弁護士の他企業を顧問して得たノウハウのフィードバック，さらには，弁護士自身のネットワーク（公認会計士，司法書士，弁理士等，さらには調査事務所等の他の専門業種の紹介）を紹介してもらって，利用することもできます。優秀な顧問弁護士は，経営全般のコンサルタント，孤独な経営者の良い相談相手としても機能すると思います。

6　訴訟等の紛争についての対応

企業は，対取引先，対競業会社，対従業員等，多くの紛争に見舞われます。顧問の法律事務所であれば，このような紛争，訴訟には，優先かつ柔軟に対応してくれると思います。私も多くの顧問会社の訴訟等に対応しますが，厳しい紛争を戦い抜き，特に良い結果が出た場合，弁護士と会社の担当者は，達成感を共有し，独特の一体感が生まれます。

7　複数の弁護士の利用が可能

私の事務所もそうですが，複数の弁護士が在籍する共同事務所の場合，担当弁護士が出張等で不在の場合も，他の弁護士が対応できます。また，大規模事件や専門的知識を要する事件にも，複数の弁護士による迅速かつ専門的なケアが可能となります。規模の大きい会社においては，一定規模を有する法律事務所との顧問契約は不可欠だと思います。

8　外国関連業務への対応

私の事務所もそうですが，外国関係業務等を扱うことができる法律事務所の場合，企業内に英語ができるスタッフがいなくても，顧問の法律事務所に依頼することができます。

9　企業の信用力向上

対外的および対従業員等に対しても，顧問弁護士の存在をアピールすることにより，企業として信用力を高められると思います。「顧問弁護士に確認します」「顧問弁護士の意見です」「顧問弁護士が反対しています」などは，交渉においてもキラーワードになり得ると思います。

10　役員・従業員の福利厚生

役員や従業員のプライベートな問題についても，弁護士を紹介することができ，企業の福利厚生に役立つと思います。私も顧問会社の従業員が交通事故にあった，離婚や相続問題で困っている，など，さまざまな場面において，従業員の方の相談に乗ったり，案件に対応したりしています。ただ，企業と従業員や役員との間に利害の対立がないことが前提となります。

＊　＊　＊

「企業にとって良い顧問法律事務所」ということで，以下のとおり，20項目のチェックシートを用意しました。あなたの会社の顧問弁護士，法律事務所は，どこまでチェックを入れられるでしょうか？

私が司法試験に合格した1985年当時，司法試験に合格したのはわずか500人でした。2021年現在，３倍の約1,500人が合格しています。街には，特に大都市には，弁護士が溢れ，企業は良い弁護士を選別できる時代になっています。弁護士は千差万別で，資格があれば良いというものではありません。すべての項目にチェックが入るのは無理ですが，チェックが入る項目が少ない場合は，今の顧問弁護士が機能していない可能性が高いです。その場合，「別に良い顧問弁護士を探す」というのは，企業経営上，必要なことです。

顧問弁護士のチェック表

No.	項　　目	チェック
1	法的知識（法改正にも迅速に対応）や経験が豊富か？	
2	相談事項に対するレスポンスが早いか？	
3	対応できる専門分野（渉外，知的財産権，M＆A，刑事，交通事故等）が多岐にわたっており，企業に起きる法律問題にワンストップで対応できているか？	
4	会社の行う業務について専門性を有しているか？	
5	メール，ウェブ会議など，最近の業務ツールに追いついた対応を行っているか？	
6	会社が納得できる説明，解決，対応をしてくれるか？	
7	相談に応じる態度が礼儀正しく，相談，アクセスに障害がないか？	
8	事務所全体が清潔・近代的で，スタッフ教育も適切になされているか？	
9	担当弁護士自身も社会的儀礼にかなった態度，服装，言葉遣いをしているか？	
10	「経営者にはへつらい，担当者には高圧的」など，人間的に問題がある対応をしていないか？	
11	緊急時には休日，時間外にも対応してくれるなど，親身になって相談に乗ってくれるか？	
12	料金体系が明朗であり，また事前に見積もり，説明が文書で提示されているか？	
13	顧問料に見合った業務をしてくれるか？　支払う報酬金額は業務内容と比較して納得できるか？	
14	弁護士の説明内容が論理的かつ明確で分かりやすく納得できるか？	
15	紛争案件など適切な説明，解決のための努力，結果を出してくれるか？	
16	担当弁護士が不在でも対応できるシステムがあるか？	
17	会社の複数の部署からアクセスが可能か？	
18	会社にリスクがある場合，遠慮せずに進言してくれるか？	
19	対応できない専門分野などでも，他の専門家を紹介するなど，必要な対応を期待できるか？	
20	「この弁護士なら」「この法律事務所であれば」という信頼感を会社全体（経営者，担当者）で持てるか？	

第2部

取引を安全に開始するために

私は，日常的に，「取引先から約束した日に金銭が支払われない」「取引先について，弁護士名義で債務整理の通知が来た」という相談を受けます。その時点で，弁護士としては（また他の手段を取っても），もう「手の施しようがない状態」になっているのが95パーセント以上です。取引に当たっては，

(1)　きちんと調査を行い，リスクのある企業との取引は行わない。
(2)　信用度が不明な企業に対しては，前金制にして，掛け売りは行わない。

という対応が重要です。

§１ 典型的な例（取り込み詐欺）

① Ａ氏は退職金を2,000万円使って，会社での経験を生かして，リビング用品の輸入のビジネスを開始し，Ａ株式会社を設立した。

② 早速，資本金の大半を使って，アメリカからリビング用品を輸入し，国際展示場で行われた輸入品フェアでブースを借りて，出店した。Ａ社の商品はなかなか好評で，ブースを訪れた多くの人と名刺交換をした。

③ 後日，その中のＢ社から注文があり，商品が50万円分売れて，約定どおり代金が支払われた。さらに，Ｂ社から連絡があり，大変好評なので，さらに500万円分，追加注文したいとの要望があったため，早速，商品を納入した。

④ 代金支払日に連絡がつかないので，Ｂ社の事務所を訪れると，事務所はもぬけのからで，Ａ社と同じように代金回収に来た４，５人が事務所の周りをうろうろしていた。

⑤ いわゆる「取り込み詐欺」にあったことに気付いたＡ氏は，慌てて警察や弁護士に相談したが，すでに「後の祭り」で，貴重な事業資金が開業直後に消えてしまった。

Ａ社の問題点

まとまった金額の取引開始前にＢ社の調査を怠ったこと，また，素性の分からない企業に対し，代金の支払より前に商品を供給したことです。最も効果的な債権保全方法は，代金前払い取引を行うことです。

§ 2　取引の相手方の調査の必要性と方法

一般的な企業調査としては，以下のような手法が考えられます。

1　民間信用情報機関の活用

帝国データバンク，東京商工リサーチ等の民間信用情報機関等を活用。

会社の業態，略歴，取引先，売上・決算等の推移，資産，経営者の経歴や特徴等，企業に関する情報が記載されているレポートを得ることができます。上記情報機関と有料の契約を行い，都度，相手方会社の情報を得るという形で利用している企業は多いと思います。私の法律事務所も帝国データバンクとは年間契約を締結して，クライアントからの希望に応じて，情報調査を依頼しています。

倒産件数・負債総額の推移

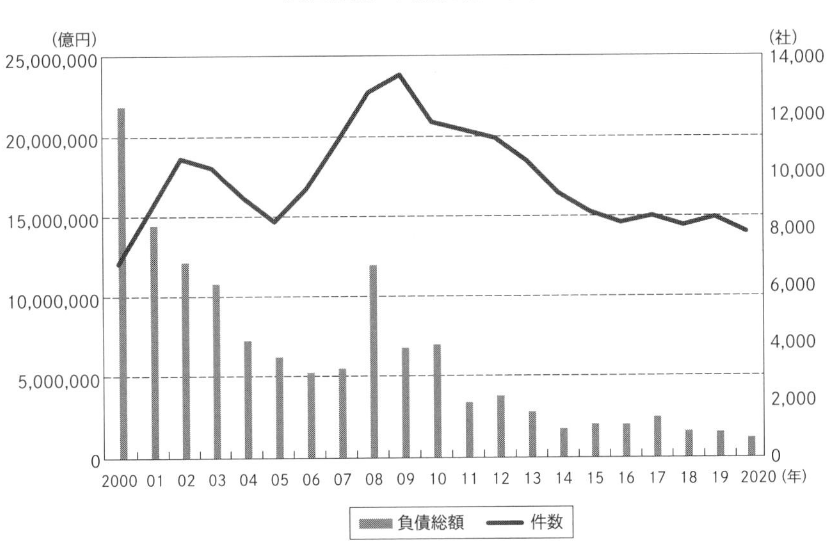

※帝国データバンク全国企業倒産集計参照。

調査を利用した場合のメリット

① 信用上，重大な問題がある会社を判別できる。
極端の例だと，すでに不渡事故を出している等。

② 前述したような詐欺目的の会社の可能性を察知できる場合が多い。

③ 取引銀行，主要取引先を把握できる。

調査手法は，基本的には官報等の公になっている情報以外は，対象会社からの聴き取り等となります。そういう意味では，企業内部に踏み込んだ，効果的な情報が得られることはありません。あくまで，信用情報会社のこれまでのストックや新規の聴き取り調査等の情報に限られます。

2　取引にあたって調査票の提出を要求

設立年月日，本店所在地，主要取引先，取引銀行等，必要な情報の部分を空欄にした調査票を用意しておいて，相手方に記載してもらう。

相手方が虚偽を記載する可能性はありますが，取引に当たって，このようなプロセスを経る企業も多いです。一定の情報にはなると思います。

3　取引にあたって決算書（貸借対照表，損益計算書）の提出を要求

取引上の力関係にもよるが，可能な場合は，決算書等を入手してチェックする。また，必要に応じて，税理士等の専門家の指導を受けて，他社の決算書チェックのポイントを決め，状況が悪い会社とは取引を行わない，あるいは現金取引に限定する。

こちらはあえて偽造するケースは少ないと思います。なお，取引相手によっては，決算書のような企業情報を出し渋るケースも多いと思います。パワーバランスにおいて上の場合に要求できるプロセスだと思います。

4　商業登記簿謄本，不動産登記簿謄本の入手・債権譲渡登記の調査

１の調査費用を出すまでもないとき，２，３の調査票の要求は力関係から難しい場合，また，２の内容を確認するために有効です。

相手方企業に提出していただくことも可能ですが，パワーバランス等に問題があるケースにおいては，自社で取得することも可能なので，是非，取り入れるべきプロセスだと思います。

謄本は法務局で取得するのが一般的でしたが，Webでも簡単に取得できます。とても便利ですので，是非，活用いただければと思います。登記所が保有する登記情報を，ウェブを通じてパソコン画面上で確認できる下記サイトをご参照ください。登記所に出向くことなく，法人や不動産の登記情報が，１通334円ですぐに確認できますので，とても便利です（初期登録時に，登録費用～法人の場合は740円～が必要です）。取引相手に取得，提出してもらわなくても，こちらを利用して，独自に確認することができ，スムーズです。

「登記情報提供サービス」

https://www1.touki.or.jp/beginner/index.html

①　会社の商業登記簿謄本から得られる情報

設立年月日，取締役の顔ぶれ，資本金の額，代表取締役の住所地等が分かります。例えば，前述の取り込み詐欺会社の場合，謄本を見たところ，取引の直前に本店や取締役が全部チェンジしており（会社のＭ＆Ａが行われた状況），

調査すれば怪しいことは一目瞭然でした。

② 会社の所在地，代表取締役の住所地の不動産登記簿謄本

自社ビルか賃借か，自社物件の場合は金融機関からの借入状況等が分かります。競売が始まっている，いわゆる街金融系の金融機関の担保設定されている，等の場合があります。そのような場合は代金前払い以外の取引はとても危険です。

③ 債権譲渡登記の調査

取引先に対する債権や，賃借している建物の保証金返還請求権を，法務局に登記するのみで先方に知られることなく担保に入れることが可能ですが，これは当該企業に対する回収に危機感を抱いた金融機関が利用する場合が多いので，このような登記がなされていれば要注意です。

5　事務所への訪問

電話で応対しているだけですと，相手の様子が分かりません。

事務所がない，話していたような規模ではない，怪しい人間が出入りしている，従業員の様子が変，等，電話では見えないものが見える場合が多いです。

今はバーチャルオフィス利用なども多いです。オフィスがあるとしている会社と，大きな取引をする場合は，一度は先方を訪問しておくことは重要だと思います。

6　事前のみならず継続して調査する必要性

取引相手について，最初の調査時に良かったからといって，そのままずっと良いとは限りません。よくある事例としては，何度も円滑に代金を支払い，信用して大きな取引をすると，その代金の支払いを行わないというものがあります。したがって，少額の取引から，大きな取引を行う場合などのタイミングで，上述したような調査を改めて行うということもご検討下さい。

決算書を入手する場合は，毎年決算書の提出を要請し，その都度，チェックポイントを決めてチェックすることが大事になります。

私は企業の倒産処理もよく行いますが，取引先に対して，倒産を知らせる通知を出すと，多くの場合，債権者はびっくり仰天して問い合わせをしてきます。しかし，取引相手の企業を継続してウォッチしていれば，倒産前には，さまざまなシグナルが出ているのが通常です。

御通知

令和３年１０月１７日

〒１６０－０００４
東京都新宿区四谷１－６－１
四谷タワー８階
さくら共同法律事務所
電　話　０３（６３８４）１１２０
ＦＡＸ　０３（６３８４）１１２１
株式会社●●●●
代表取締役　●●●

上記債務者代理人
弁護士　千　原　曜

当職は、株式会社●●●●の代理人として、以下のとおり債務整理について受任したことをご連絡申し上げます。債権者の皆様には大変なご迷惑をおかけすることをお詫び申し上げます。

１．債務整理手続受任のお知らせ

債務者会社は、後記の事情により、債務整理を行い、今後、東京地方裁判所に自己破産申立を行うべく、当職らにおきまして準備を開始しております。令和３年１月１下旬から１２月上旬の申請を予定しており、可及的速やかに申立を行うべく準備を進めておりますが、諸般の事情で変動致しますので、御了解下さい。

２．今後の窓口等について

債務整理及び破産申立につき当職らが債務者会社より受任致しましたので、今後は会社（取締役及び従業員を含みます）への直接の連絡は行わないようお願い申し上げます。本書を読まれてもなお疑問等がある場合のお問い合わせは、担当弁護士宛になされるようお願い申し上げます。

なお、配当の見通しにつきましては、破産手続開始後に破産管財人が債権債務の調査を行い、確定していくものであるため、当職ら宛てにお問い合わせいただいても回答ができませんので、予めご了承ください。

３．債権届出のお願い

大変お手数ですが、同送致しました債権届出書に債権額をご記入の上、当職ら宛にＦＡＸを利用してご返送下さい。債務整理及び破産申立にあたっての資料とするものです（なお、破産手続の開始後に裁判所から送付される債権届出書とは異なりますので予めご理解ください。）。

４．最後にこのような事態を招いたことを改めて深くお詫び申し上げると共に、早期の破産申立に向けて、債権者の皆様のご理解と御協力をお願い致します。

以上

§3 契約書の重要性

弁護士として，いつも口を酸っぱくして言っていますが，契約書の締結はとても大事です。以下に，取引をスタートするに当たっての契約書の締結について，ご説明します。

1 「取引基本契約書」等の作成の効用

契約の基本条件を定めた「取引基本契約書」，それに基づいて個別の契約条件を定める「個別契約書」というのが，オーソドックスな契約書となります。

(1) 直接的な効用

契約書作成の直接的な効用は，裁判になったときに「証拠」となることです。

トラブルが起きたときに，「どちらの義務違反になるか」，「いくらまで請求できるか」，「どこの裁判所で審理できるか」など契約書に規定があれば，すべてそれに従うことになります。

(2) 間接的な効用

裁判になる例はレアケースなので，むしろ，間接的な効用のほうが大きいです。契約書で明示されていることにより，解釈の相違，言った言わないの問題が無くなり，契約書上，不利なほうが諦めますので，交渉にて解決し，トラブルの発生が未然に防げることになります。

2 契約書の種類について

(1) 契約書，覚書，念書，確認書の違い

よく「契約書の名前はどうしたら良いですか？」という質問を受けますが，単なる名称だけの問題であって，法律的にはほとんど関係がありません。

ただ，契約書と覚書では，契約書のほうが正式な文書である印象です。

また,「念書」の場合は，一方が相手方に対して弱い立場にあって，何かを約束させるというニュアンスが強いと思います。一般的なビジネスの世界では，違和感がある題名であり，あまり使われないと思います。

「確認書」は，法律関係の一部を取り出して確認する場合によく使用されると思います。

いずれにせよ，問題は中身なので名称にこだわる必要はありません。

極端な話，中身が重要なのであって，契約書の表題などなくても支障はありません。

(2)　簡単な「覚書」の締結も

よく，契約書を作成するのが面倒，または，どうやって作成して良いか分からない，等で契約書を作成しない例が多いです。

しかし，全く作成しないよりは，双方で納得していることを箇条書きでも良いので記載して，日付を書いて，双方で署名，捺印するだけでも十分に意味があると思います。

3　自前の契約書の用意

自社の主要な取引については，できれば，弁護士等の専門家に依頼して，自社の契約書フォームを用意しておくと良いと思います。

「取引基本契約書」,「個別契約書」,「機密保持契約書」は，自前の書式を用意すべき代表的な契約書です。

取引の相手方に対して「うちはこれでお願いしている」と言うと，意外なほど，特に異議を述べずに契約締結に至る場合が多いです。

4　契約の変更

契約内容が変更する場合も，フォームにこだわらずに簡単な契約書（覚書）

を作成しておくと良いでしょう。

これも形式にこだわらず，①締結済みの契約書の条項を示して，②新たな契約内容を記載して，双方で捺印をすれば良いものです。

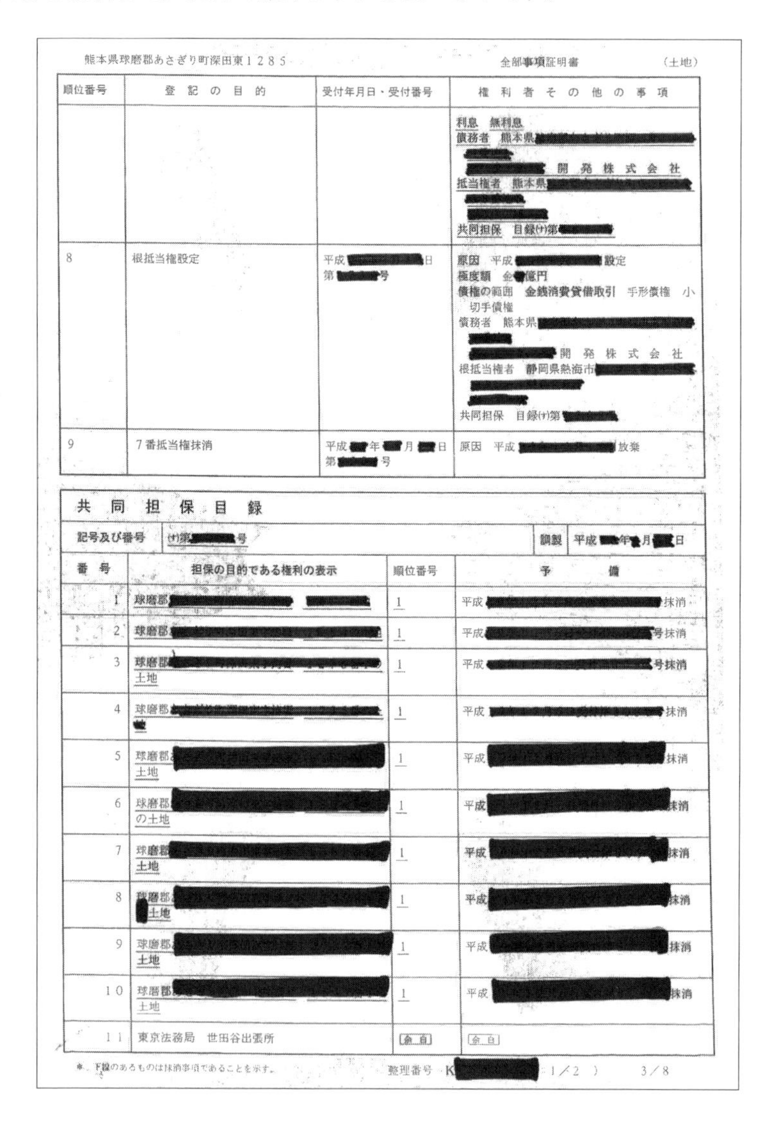

熊本県球磨郡あさぎり町深田東１２８５　全部事項証明書　（土地）

順位番号	登記の目的	受付年月日・受付番号	権利者その他の事項
			利息　無利息 債務者　熊本県 開発株式会社 抵当権者　熊本県 共同担保　目録(す)第
8	根抵当権設定	平成　日 第　号	原因　平成　設定 極度額　金　億円 債権の範囲　金銭消費貸借取引　手形債権　小切手債権 債務者　熊本県 開発株式会社 根抵当権者　静岡県熱海市 共同担保　目録(す)第
9	７番抵当権抹消	平成　年　月　日 第　号	原因　平成　放棄

共同担保目録

記号及び番号	(す)第　号	調製	平成　年　月　日

番号	担保の目的である権利の表示	順位番号	予備
1	球磨郡	1	平成　抹消
2	球磨郡	1	平成　号抹消
3	球磨郡 土地	1	平成　号抹消
4	球磨郡	1	平成　抹消
5	球磨郡 土地	1	平成　抹消
6	球磨郡 の土地	1	平成　抹消
7	球磨郡 土地	1	平成　抹消
8	球磨郡 土地	1	平成　抹消
9	球磨郡 土地	1	平成　抹消
１０	球磨郡 土地	1	平成　抹消
１１	東京法務局　世田谷出張所	余白	余白

＊ 下線のあるものは抹消事項であることを示す。　整理番号 K　（１／２）　３／８

§４　事前の担保設定

代金を回収するという意味では，相手方企業から担保を取るという選択肢もあります。また，相手方企業から担保を要求されるケースもあるでしょう。下記のようなパターンがあります。

１　現金決済が最も望ましい

繰り返し言いますが，安全な取引という観点から言えば，代金前払いが最も良いものです。パワーバランス上，可能であれば「当社は現金決済以外受け付けない」という態度が取れればベストだと思います。①先に自社の商品やサービスを提供して，②代金は後払いというのは，代金を支払ってもらうまでは，相手方に対して「お金を貸している」と同じ状況です。

よって，現金前払いが無理な場合でも，以下のような担保設定を行うことを検討することになります。

２　手形・小切手の入手

相手方が振り出した手形・小切手の入手は有効です。相手方は，もし決済しなければ手形不渡りを受け，２度で銀行取引ができなくなる他，１度でも事実上の倒産となり，強い経済的制裁を受けます。

ただ，最近は，手形・小切手を目にすることはほとんどなくなりました。

３　保証金の受領

取引高に応じて，継続的取引を行う事前に，保証金を預かる方法があります。もしくは，毎月，取引金額の中から，３～５パーセント程度の金額を保証金として預託するというパターンもあります。いずれも取引が終了した場合，相手方に返還をします。

保証金を受領する場合，基本契約書に，保証金に関する条項を入れて，あらゆる場合に保証金から塡補できる旨を明記することになります。

不動産の賃貸借契約においては，敷金・保証金を預託するのは当たり前の慣行になっていますよね。一方，一般的な取引において保証金を預託をさせるのは一般的ではありません。やはり売掛先＝お客様に対して，取引に当たって金銭の預託を求めるというのが抵抗があるように思います。

4　不動産担保

会社や役員その他の所有する不動産に根抵当権を設定し，取引による債権全部を担保させる方法があります。

土地を担保に入れて，銀行から融資を受けるというのは，これも当たり前に行われている制度ですよね。

企業取引でも，担保価値がある不動産であれば，債権保全には効果的だと思います。ただ，不動産の価値が低かったり，先順位の抵当権が付いていて，不動産の価値をカバーされていたりすると，回収ができる保証はありません。また，保証金と同じで，お客様に対して，不動産の担保を出させるという行為に抵抗があるように思います。

5　連帯保証人

会社間の取引全般について，代表取締役，役員，その他資力のある第三者を連帯保証人にする方法です。

これは，よく行われている制度です。ご説明した取引基本契約書において，売り手側になるケースでは，連帯保証人欄を設けておき，相手方企業の代表取締役に連帯保証人になっていることを要求することで良いと思います。

2020年４月施行の民法改正によって，連帯保証人には，極度額（責任を負う上限金額）を入れないと無効になってしまいますので，注意が必要です。

なお，上場会社等の大きな会社の場合，代表取締役が連帯保証人になることを拒絶することが多く，それが当たり前という運用になっています。

仮に連帯保証人を設けずに取引を行い，会社が金銭を支払わないで倒産した場合で，代表取締役は無傷で自分の財産を保有しているという，非常に不合理な状況になっても，法的には何も主張できません。いわゆる潰し逃げを許さない趣旨でも，小規模な会社との取引においては，連帯保証人を要求するのは必須だと思います。

6　物品の所有権・知財権利の留保

物品等を売買した場合は，取引基本契約書の条項の中で，代金が決済されるまで所有権を留保することが有効です。仮に代金決済が滞ったら，直ちに先方に出向いて残っている商品を回収することができ最も迅速な回収となります。

また，著作権等の知的財産権の生じる成果物であれば，これも代金が支払われるまでは，当該知財は移転しない条項を設けることが有効です。仮に代金が支払われない場合，先方に対して，当該知財の利用を禁止することができます。

特に当該知財をさらに転売しているケースは，相手方の客先に対して，知財の使用禁止を主張できますので，相手方は，必死になって代金を支払うことになると思います。

基本契約書の条項に入れれば良いだけのものなので，債権保全方法としては，相手方の了解が得られやすく，また効果的なケースも多いので，是非，入れていただければと思います。

なお，物品の所有権留保の場合，現場に行って，相手方が任意に引き渡さない場合，無理に回収すると窃盗罪になる場合があるので，この点は注意が必要です。相手方に自社の所有であることを説明し，相手方の了解の上で引き揚げることになります。

7　債権譲渡特例法

取引先に対する債権を，取引先に通知することなく，担保の意味で債権譲渡する方法があります。よって，取引相手Aへの債権を保全するため，Aがその複数の顧客Cらに対して有する取引に基づく売掛債権等を担保に取るという方法があります。

取引相手Aとしては，Cらに知られる可能性は低いとはいえ，営業債権を担保に取られるのは相当，抵抗があると思います。そこで，この制度が利用されるのは，金融機関が貸付先に対して行うなど，特殊なケースが多いです。検討される場合は，弁護士に相談して，対応する必要があると思います。

コラム　継続的な取引では

売り掛けを作る継続的な取引において，ご説明をしたような担保が設定できるのはもっともセーフティです。ただ，実際のところ，①担保の設定自体に手間や費用がかかる，②お客様にもちかけるのははばかられる，ということで，よほど立場が強くないとなかなかお願いできないと思います。一般的には連帯保証人が取れれば良しとするという判断になることが多いでしょう。

第3部

取引を円滑に継続するために

私たち弁護士が企業からトラブルの相談を受ける場合，まずは「両社間に締結された本件についての契約書を見せてください」からスタートします。弁護士にとっては，企業間取引で何かあった場合，まず判断の「拠り所」とするのが，契約書です。ところが，その段階で「実は本件では契約書が締結できていません」という残念な回答があることがよくあります。

企業間の取引に当たっては，第２部で説明したような手順を踏まれて，「取引を行って問題がない」と判断された場合，今度は，しっかり代金が回収できるように，あるいは，取引上の損失を負うことがないように，基本契約書や守秘義務契約書を締結することを典型とする，しっかりとした「体制を整える」必要があります。

何度もお伝えしているとおり，債権回収が滞るなどトラブルが起きてしまった段階では，効果的な対応手段は，とても少なくなります。そう考えると，第２部と，この第３部での対応が，法務部門の肝ともいうべき重要なプロセスになると思います。

§1 企業における経営者，あるいは法務・管理部設置の目的

1 法律に違反しないこと

「法律に違反すること」は，企業にとって，さまざまなリスクを伴い，程度によっては企業が倒産することになります。

(1) 逮捕者が出る会社は，社内システム不備

刑法（あるいは会社法等の刑事罰規定）に違反して，会社の事業に関連して，逮捕者を出すなどは論外です。企業不祥事での逮捕やマスコミ報道は，この「法律に違反しない」という「社内システム」が「十分に機能していなかった」ものだと思います。

(2) 法律を守らなければ儲けられる？

極端な話，普通のことをやるより違法行為あるいは適法すれすれのことを行うほうが収益が上がる場合が多く，営業サイドはどうしても利潤追求のみを第１目標にしがちです。たとえば，「癌に効く」，「飲むだけで簡単に痩せられる」としてサプリメントを販売する，「定価から90パーセントオフのセール」として販売（実はそのような定価で販売した実績はない），ような謳い文句で販売すれば，確かに商品は売れると思います。ただ，これは景品等表示法という法律に違反し，社名公表をされて業務改善命令を受け，また課徴金を課せられることになります。

このような社内不正を正すのも，経営者，法務部等の大きな目的の１つと考えられます。

(3) 森喜朗元オリパラ委員会会長の発言も，昔ならセーフ

なお，社会の法の運用，適用が時代の流れによって変化する場合があり，こ

のような状況変化に対する注意も必要です。例えば，20年前までなら許された発言も，今の時代で行えば，セクハラ・パワハラとして，世の中から大変なバッシングを受けます。

東京五輪・パラリンピック大会組織委員会の森喜朗元会長の女性を蔑視する，時代錯誤な発言は，日本だけではなく，世界中の非難の的となり，まさに「日本の恥」というべき問題行動でした。

ただ，このような発言も20年前の日本だったら，特に問題にもならなかったように思います。セクハラやパワハラは，時代についていけない，遅れた人たちが引き起こしている例が多いと思います。

2　法律に違反をすると，どのようなペナルティ・損害を受けるか？

法律に違反した場合の「効力」は，さまざまで，以下のようなものに大別されます。

①　民事的効力 ※金銭の返還，契約の解除，無効などの民事的効力です。これは企業間の取引に基づく金銭的な損害のリスクに結びつきます。
②　刑事罰 会社の関係者が罰金・懲役を受けたり，会社が罰金を科せられるなどです。 ※検察庁・裁判所が管轄します。これは，程度が軽ければ良いですが，社会的に問題視されるような内容であれば，企業の倒産につながることもあります。例えば企業のトップが会社業務上の詐欺事件で逮捕されて報道されれば，相当の確率で，その企業は潰れると思います。
③　行政罰 業務に関する改善命令・停止命令が出て公表されたり，課徴金が科せられる。

※各担当行政庁や都道府県が管轄します。たとえば，前述した例のように，景表法に違反すると改善命令を受けて公表され，また売上に応じた課徴金が課せられます。こちらも法律違反の内容によっては，２年などの長期の業務停止命令が出ることもあり，そうなると会社の営業を継続することは難しいと思います。

3　法律を上手に利用すること

- 「会社が行う営業」に関係する法律，を熟知することは大事です。
  例えば，化粧品の効能で言えば，「ここまでは表現できる」というものが，法律（ガイドライン）で明確に決まっています。この許された表現の中で，どのように消費者に対して訴求をするか？　というのが，会社の実力となります。
- また，ご存じのとおり，頻繁に法改正が行われ，あるいは新しい法律が成立して規制が緩和されるなどは，よく目にするところです。
  「法律に敏感な企業」は，このような法改正は，自社の営業のプラスにならないか？　と，いつも目を光らせています。そして，他社に先んじて，法改正による利益を得ることができます。

4　取引を円滑に継続すること→債権を滞りなく回収すること

会社の定義は，「営利を目的とする社団法人」となっています。会社は，いつも営利を追求しなければなりません。

①　そして，「債権を滞りなく回収すること（トラブルを未然に防ぐこと）」がとても大事になります。

②　また，大きな焦げつきを出すと，それまでの営業努力，マンパワーはすべて無に帰するどころかマイナスとなります。焦げ付き自体が当該企業のマイナス評価となり，自社の経営危機を招く場合も多いです。「連鎖倒産」の中

には，当該焦げ付きだけでは持ちこたえられたが，焦げ付きによる悪評（「あそこも危ないのではないか？」）から信用不安を招き，最終的に連鎖倒産というパターンも多いと思います。

③　企業における法務系においても，債権回収は重要な役割になると思います。

コラム　法律問題とは

法律問題は自動車運転にたとえると分かりやすいです。たとえば居眠り運転をして人身事故を起こしたとすると，まず警察沙汰になり，悪質だと，懲役刑や罰金刑などの「刑事罰」を受けます。また，被害者からは，賠償請求（民事的効力）を受けることになります。さらに，行政処分として免許の停止や取消処分（行政罰）を受けます。一方，交通法規を守って常識的な運転をしていれば，自動車は便利で快適な移動手段となります。

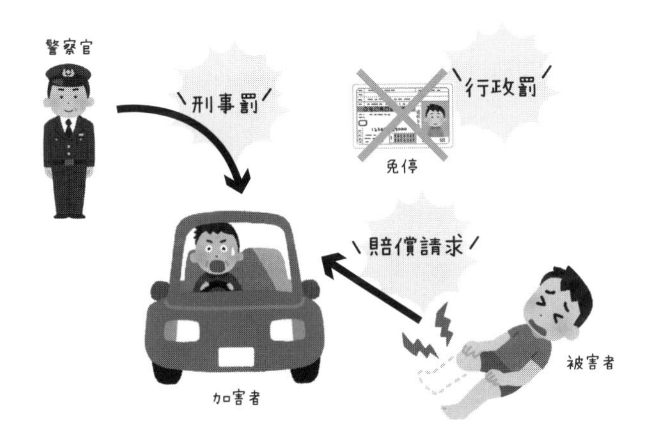

§2　回収トラブルを未然に防ぐための「10か条」

ここでは，弁護士の立場から，債権回収のトラブルを未然に防ぐための「10か条」をご説明します。なお，現金前払い取引であれば，回収トラブルは生じませんが，なかなかそういうわけにはいかないですよね。商品やサービスの提供が先行する「売掛金」ができてしまう前提で，以下のポイントをチェックしてください。

1　基本契約書の作成・締結

これまでもご説明してきたように，継続的に取引を行う場合は，

①　基本契約書を締結する，

②　これに基づいて，個別の受発注を約束する個別契約を締結する，

が基本となります。

そして，基本契約書については，自社の営業に関する取引や，よく行う取引類型については，必ず「自前の」基本契約書の書式を用意するのが良いと思います。できれば弁護士として相談して，「抜けのない」書式を作成してください。

例えば，化粧品を継続的に仕入れる契約書であれば，基本契約書において，今後，行われるすべての取引についての共通のルールを規定します。そして，個別契約において，具体的な商品発注として，対象となる商品，代金，個数，納品日を規定することになります。

契約自体は，口頭でも成立しますので，個別契約については，口頭の受発注でも成立しますが，あいまいとなりやすく，トラブルのもとなので，基本契約書において個別契約が成立するルールを規定した上で，そのルールに従って，個別契約を締結することになります。

2　個別契約の締結―伝票等の証拠を残す必要性

上述したように，基本契約書を締結した上で，個別の取引を行うことになり，受発注の「意思表示」を交わすことによって，「個別契約」が締結されることになります。この個別契約については，同じ取引が続くのであれば，改めて個別契約書を締結することはなく，「発注書」や「請書」の発行をもって合意することが多いと思います。口頭だけの合意によって，取引内容が曖昧になると，トラブルのもとなので，会社で手順を決めて，基本契約書にルールを規定した上で，そのルールに従って，個別契約の締結を行うことが大事だと思います。

「書面によるエビデンス」を残す，個別契約の成立については，以下のようなパターンがあると思います。

(1)　発注書，注文請書のやりとりを行う

発注者が発注書を，受注者が注文請書を，それぞれ相手方に発行し，個別契約とするパターンが最もポピュラーです。

継続的な取引に関する裁判になると「渡した，渡さない」「個別発注の合意の有無」から争いになる場合が多いです。その点，発注書，注文請書というエビデンスを残すことにより，個々の合意を明確に証明することができいます。

(2)　「Web」による個別契約

現在は，紙ベースでの発注書等の発行を省き，Webによる受発注は完全に定着してきたと思います。この場合，Webでのメールでのやりとりが個別契約成立の「証拠」となります。このため，Web受発注による個別契約の締結についても，ルールを決めて，基本契約書の中に明示すると良いと思います。

また，Webによる受発注についても，保管方法と年数を決めて，一定期間保管することが必要となります。

(3)　個別契約書の締結

同一種類の商品取引ではなく，たとえば，建築工事を行う，著作物を制作する等，個別契約ごとに詳細を決めなければならない場合は，改めて，双方が捺印する個別契約書を締結することになります。

> 口頭ではない個別契約の締結のメリット
> このようにしっかりと「証拠」を残すことにより，
> 　イ　直接的な効果…裁判上の証拠になる
> 　ロ　間接的な効果…トラブルを未然に防止する効果
> が期待できます。

3　請求書の送付

企業取引において，請求書を発行する例が多いと思います。

私は，顧問契約に基づいて，契約先の企業から，毎月，顧問料のお支払いをいただいていますが，「毎月，請求書を発行して欲しい」という企業と，特に請求書を発行することなく支払っていただける企業があります。請求書の発行については，以下のような効果があります。またWebによる請求でも効果については，特に変わりません。

① 相手方に対する催促，確認効果

- 請求書の発行を受けて，支払を行うという「体制」になっている企業が多いです。
- また，請求の内容が異なる等の確認効果もあります。

② 請求したこと自体が裁判上の証拠となる（控えを保存する）

- 裁判では，売掛金の存在を立証する場合，発注書や請書の他に，請求書の控えも「証拠」として提出することが多いです。売掛金の存在を証明するエビデンスの役割もあります。

• 相手方から内容について問い合わせがあった場合への備えも含めて，請求書の控えを保存する必要があります。

③　時効中断の効果（一定の範囲ですが）

訴訟提起ほど確定的な効果はありませんが，請求書の送付は，一定の範囲で時効中断の効力も有しています。

4　保証（担保）を取る

これは次の部の債権回収とも関連しますが，売掛金を担保するための「保証」を取れば，踏み倒しもできず，結局，滞りもなくなると思います。典型的，一般的な保証としては，基本契約書の中で，売掛先の代表取締役個人を連帯保証人として，署名，捺印を得ることです（2020年施行の民法改正によって，極度額の設定が必要となったので，ご注意ください）。

保証を取ることについても，

①　最終的に支払が滞った場合，保証部分から回収できるという直接的効果と，

②　保証人に迷惑をかけたくない（代表取締役としては個人の財産を取られたくない），担保に競売をかけられなくない，などの理由により優先して支払うという間接的効果があります。

売掛金を作る取引をする際は，

①　基本契約書を締結する，

②　基本契約書において，売掛先の代表取締役を連帯保証人とする，を「ノーマルな手順」とすることになると思います。※なお，上場会社等は，代表取締役を連帯保証人とすることには応じないケースが圧倒的です。

保証を取らず，会社だけとの契約の場合，会社の「潰し逃げ」が可能であり，代表取締役等の役員への責任追及は基本的にはできません。代表取締役を連帯保証人とせず，会社だけの取引の場合，「会社は倒産して代金は踏み倒されるが，倒産会社の社長は自宅を持って悠々と暮らす」という，

債権者側にとっては「歯がみ」するようなこともあり得るわけです。

5　取引先の経済状態等を継続的にチェックする

取引の当初から売掛金が回収できなくなるケースは少なく，多くは，

① 普通に取引（代金の回収）をしていて，

② 会社側でも，相手方との取引による収益を計算に入れるような状況になり，

③ 取引高が増え，

④ その後に倒産による貸し倒れ，というケースが多いと思います。

そういう意味では，相手方の継続調査を行うことなく，取引高（売掛金額）が無条件で増えていく状況は非常にリスクがあります。

下記のようなチェックを行い，また，売掛金額が増える場合は，社内稟議を経るというプロセスが重要になります。

① 決算書等の資料の開示を定期的に求める。信用情報会社による信用調査を定期的に行う。

② 相手方の事務所，経営者・役員・従業員の日常の様子をチェックする。

③（可能であれば）他社との情報交換を行う。

6　支払が遅延した場合の迅速かつ毅然たる態度

① わずかの遅延を放置せずに，迅速に毅然とした態度をとることが，さらなる遅延を防止する。

※例えば，支払サイトの変更の要請などがある場合は，安易に応じるのは問題です。 遅延額が多額になる前に取引を打ち切って，回収に専念する決断力が必要です。

② 倒産事例では，何度も遅延しているケースが大半です。

やはり，まめにうるさく催促するところに優先的に支払うのが一般的です。１か月程度の遅延なら大丈夫だろう，大事な取引先だから，と甘い態度をとると後回しにされてしまいます。

７　危険な所との取引は行わない，あるいは停止する

倒産リスクのある企業は，実は，さまざまなシグナルを出しています。これらを察知して，早めに対策を講じる必要があります。

危険な「匂い」を察知する

- 売掛金の支払いが（一時的にせよ）滞る。
- 売掛金の支払い猶予や支払時期の変更を要請される。
- 当該業界自体が不況業種になってしまった。
  ※例えばコロナ禍において営業できなくなってしまった業態など。
- 相手方の主要な取引先が倒産する。

このような危険な匂いを察知したら，取引を拡大せず，どのように円満，迅速の回収できるか，が勝負となります。また，取引を継続するにせよ，「現金前払い」だけに限定することだと思います。

８　特定の取引先に依拠しないような経営方針

例えば，「取引先のＡ社が倒産したら，うちも連鎖倒産」のように，特定の取引先のみに頼らない経営方針がとれることが望ましいです。

私ども弁護士事務所も，特定の企業からの売上高が，３分の１以上ある状況だと「危険」だと言われています。

①　その企業からの収入が途絶えたら，事務所経営が行き詰まってしまう。

②　その企業から，無理を言われたら，聞かざるを得ない。

③　何か問題があっても，企業に遠慮して適切なアドバイスもできない。

など，大きな弊害が出てしまいます。

企業取引の場合も，特定の取引先への売上だけに依拠すると，

① その企業が倒産したら，一緒に倒産

② その企業から無理な取引条件を言われても，断れない（そのために独禁法がありますが，実際上は，なかなか機能していません）

③ その企業が倒産したら，自社についても連鎖倒産という噂が出てしまう，等，同じような弊害があります。

9　債権管理，回収の責任部署を整備

売掛金の回収の問題が出たときに，会社の中で責任がたらい回しにされているのを見ます。弁護士に相談に来る部署も，経理の人が来たり，法務が来たりと，さまざまです。

債権回収は会社にとっての命なので，債権の管理，回収について，できれば一元管理できるのような責任部署，あるいは責任者を設けたいところです。

もちろん小規模な会社であれば，経営者自身が行うことは適切なことだと思います。

10　保険，共済の活用

どんなに注意をしても，債権回収ができないケースもあるでしょう。

その場合，倒産防止共済（中小企業総合事業団）や取引信用保険（大手損害保険会社）の加入により，債権回収が焦げついた場合のリスクを回避する選択肢もあります。

取引先が売掛金を支払ってくれるというのは幻想

弁護士として企業からの相談を受けていると，売掛金が回収できないことは，日常茶飯事のことです。こと債権回収に関しては，「性悪説」に立ち，債権を支払ってくれない取引先は必ずある，という前提で準備をしなければなりません。

§3　取引基本契約書の作成

それでは，続いて，これまでも説明をしてきた「基本契約書」の作成のメリット，重要性について，ご説明したいと思います。

また，各条項の内容について，個別に説明します。

企業取引において，相手方書式の契約書を提示されて，締結を求められる場面も多いと思います。その場合，悩むのは，どこまで修正を要求したら良いのか？　どこまで妥協できるのか？　というポイントになると思います。

「分かっている」法務担当者は，この「強弱」の判断が正しくできると思います。私ども弁護士は，企業から契約書のチェックを求められた場合，問題となり得るポイントをご指摘することはできます。

ただ，相手方に対して，どこまで要求できるか？　というのは，相手方企業との力関係等に基づいて，会社において判断をしてもらわなければなりません。

1　継続的な取引の場合は必ず基本契約書を作成する

「継続的な取引の場合は必ず基本契約書を作成する」は，読者の方の会社においては，是非，基本としていただきたいと思います。

メリット	直接的な効果…裁判，仮差押等を行う時にエビデンスとして非常に有効 間接的な効果…トラブルを未然に防止できる 相手方から提示された契約書を十分にチェックしない企業（もしくはチェックする能力がない企業）も多いので，会社に有利な取引条件を設定できる。
デメリット	自社に有利な基本契約書が締結されている限り，特にデメリットはないと思います。

	• ブランド品の代理店などはご注意を なお，継続的な契約の場合，一方的に解約すると損害賠償請求をされる場合があります。例えば，ある種の製品（ブランド品など）を継続的に供給している場合，一方的に解約して相手方に損害を与えると損害賠償の対象となる可能性があります。特にブランドが重視される場合や，相手方がその商品しか扱っていない代理店等の場合は要注意です。ただ，これも「基本契約書が締結されているから」ということではなく，「そのような取引が行われている」からです。 • 基本的にはデメリットなし また，基本的には，基本契約書において規定された期間が満了して取引を終了する場合に，損害賠償請求が成立することはありません。 基本契約書締結のデメリットはない，と理解していただいて良いと思います。

2 基本契約書の作成を弁護士に委任する意味合い

「自前の基本契約書」の書式を用意することが大事なことは，これまでご説明してきたとおりです。

これは顧問弁護士などの，企業法務に習熟した，できれば会社の業務内容なども分かった弁護士に依頼，あるいはアドバイスを受けながら，作成することが望ましいです。

メリット	① 弁護士からテンプレートの提供が受けられる ※顧問弁護士に対しては，「こういう契約書を作成したいのですが，テンプレートはありませんか？」という形で，どんどん利用されるのが良いです。 逆にそういう書式の提供ができない弁護士は，顧問弁護士としては，相応しくないと思います。

②　弁護士は訴訟等のトラブルになったときを見越して作成できる
※良い契約書は，訴訟などのトラブルになった時こそ，真価を発揮します。また，良い契約書があれば，トラブルを未然に防止することができます。
③　弁護士のそれまでの経験，法律知識を基に作成できる
※よくネットで書式を拾って作成した契約書のチェックを依頼されますが，やはり不完全な場合が多いです。弁護士の経験や法律知識は大事だと思います。
④　顧問弁護士であれば，当該会社の特性を理解しているので，その点も契約書に盛り込めます。
※会社の過去のトラブルなども踏まえて，転ばぬ先の杖，という形で契約書を作成してもらうことができると思います。

3　基本契約書に盛り込むべき一般的な事項と検討

基本契約書に記載される一般的な事項は以下のとおりで，各企業において，具体的に考えて，設計されるべきものだと思います。

• 契約書に規定がないときは？

なお，契約書に規定がないとどうなるのでしょうか？　その場合は，民法や商法の規定に従って判断されることになります。民法や商法は基本的には公平に設計されていますので，場合によっては，契約書に規定がなくて良かった，という事態もあります。ただ，やはり基本契約書については，下記のようなポイントを判断の上，条項の内容を決められるのが企業経営上の「正解」だと思います。

項　目

⑴　表　題

先にご説明したとおり契約書の表題は特に意味はありません。たとえば，単に「契約書」と記載するだけでも大丈夫です。「取引基本契約書」でも良いですし，「売買取引基本契約書」，「請負取引基本契約書」のように取引の種類を記載しても分かりやすいと思います。

⑵　表題下・契約当事者

- 法人取引の場合は，株式会社や合資会社など，会社の種類の部分から明記する必要があります。
- 個人が商号で行っている場合は，たとえば「さくら商店」という個人経営の相手方と取引する際は，「さくら商店代表田中一郎」として，責任を負担する個人を明確にしましょう。契約相手は，この田中一郎さんという個人ということになります。

⑶　契約日

契約書はいつ締結されたかは大事なので，必ず契約日付の記載はしましょう。

- 契約日が書き込まれていない契約書を見かけます。郵便等でやりとりすると，双方とも「先方が書くだろう」，と考えて，そのまま空白になってしまう場合が多いです。契約内容について合意に達した時点で，日付も書き込んでしまうべきだと思います。ワープロソフトで契約日を明記してしまって問題ないと思います。
- バックデートは？

すでに取引自体は進んでいて，契約書の締結が後回しになってしまうケースがあります。たとえば4月1日から取引をしていて，契約書を締結するのは，7月1日になってしまうようなケースです。そういうときは，4月1日付で契約書の調印をする「バックデート」もあり得ますが，たとえば4月1日時点の代表取締役と違う人が，実際に締結する7月時点では代表取締役になっている等，トラブルが起きる可能性があります。そこで，

サンプル条項

売買取引基本契約書

　売主株式会社さくら（以下「売主」という。）と買主合資会社うめ（以下「買主」という。）とは，別紙に定める商品（以下「本件商品」という。）の売買について，本日，以下のとおり売買取引基本契約（以下「本基本契約」という。）を締結する。

項　目
契約書の契約日については，実際に調印する７月１日としておき，契約期間の部分で「４月１日から遡って効力を有する」内容にて合意するのが良いと思います。
⑷ 契約期間／自動更新条項／中途解約条項 契約期間を定めるのは当然のことです。契約期間の部分は，私どもプロとしては，重要チェックポイントの１つとなります。 **① 自動更新条項を入れるか** ※第１条但し書きを参照。契約終了の意思表示は，「書面による」とするのが確実です。言った言わないの問題が出やすい場面です。 **② 中途解約条項を入れるか** ※第１条２項を参照。契約期間中でも，一定期間をおいて予告することによって，契約を終了できる規定を置く必要がないかをご検討下さい。特に月額定額で料金が発生する契約など，義務を伴う取引については，当該条項は必須だと思います。
⑸ 個別契約成立のルールの条項 基本契約書は，それ自体において，個別の商品の引き渡しや，代金の支払いなどの具体的な義務は発生しません。具体的な取引については，契約期間中に締結する「個別契約」によって，合意されることになります。 そして，基本契約書の中で，どういう条件にて，個別契約が成立するかを明記する必要があります。以前にもご説明したとおり，法的には口頭でも個別契約は成立する可能性があるので，曖昧にならないように，「こういう条件で，個別契約が成立します」と明記することになります。 そして，個別契約が成立した後は，解除事由がない限り，契約解除は認められないのが原則となります。 サンプル条項３条３項のように，買主が注文を行い，一定期間内に売主から受注の意思表示がない場合は，受注したものとみなす，という条項もよくあります。

サンプル条項

第１条（有効期間・中途解約）

1　本基本契約の有効期間は，　　年　　月　　日から　　年　　月　　日までとする。但し，期間満了の１ヶ月前までに，売主及び買主のいずれも本基本契約を継続しない旨を書面によって相手方に申し出ないときは，本基本契約は，期間満了日の翌日から１年間自動的に延長されるものとし，以後も同様とする。

2　売主及び買主は，書面による３ヶ月前の予告期間をもって，いつでも本基本契約を解除することができる。

第３条（個別契約の成立及び内容）

1　個別契約は，買主が売主に対して注文書を発行し（以下「発注」という。），売主が承諾の意思を示した注文請書が買主に到達した時（以下「受注」という。）に成立する。

2　買主は，注文書に発注年月日，本件商品の商品名，品番，単価，数量，代金総額，納期，納入場所等所定の必要事項を記載する。

3　売主は，買主より注文書を受領した後，５営業日以内にその諾否を買主に通知する。当該期間内に売主から通知がない場合には，売主が受注したものとみなし，買主の注文どおりに個別契約が成立する。

4　第１項の規定にかかわらず，売主又は買主が電子メール，FAX等の方法を利用することを希望した場合には，相手方の書面による同意を受けた上で，当該方法によることができる。

項　　目
イ　発注書，請書のやり取り。 ロ　個別契約書の作成。 ハ　Webで受発注の合意を行う場合は，その点も記載する必要があります。

(6) 引渡／検査

引渡（商品の場合。サービスの場合は履行日）の記載も必須ですが，個別の引渡日は，個別契約で規定するのが通常です。以下のような事項について合意する必要があります。

（合意すべき事項）

- 納品期日，引渡場所，納品書
- 引渡に要する費用の負担
- 約定どおり引渡ができない場合のルール
- 検査・検品のルールおよび，「検査による不良」を申告できる期間の決定

サンプル条項

第４条（引渡）

1　売主は，本件商品を，所定の納品書を付した上で，個別契約に定める納入場所に納入する。

2　本件商品の梱包費，運送費は売主の負担とする。

3　売主は，個別契約に定める納期に所定の数量の全部若しくは一部を納入できない事情が生じた場合，又はそのおそれのある場合には，直ちにその理由及び新たな納入予定時期等を買主に書面にて通知するとともに，買主の必要とする処置に全面的に協力するものとする。尚，これらの処置を講じても買主の要求が満たされない場合には，買主は，催告その他の手続きを要することなく，直ちに当該個別契約を解除することができる。

4　前項の通知は売主を免責するものではなく，売主の責に帰すべき事由により売主が本件商品を納期に納入できなかった場合には，売主は買主に生じた一切の損害を賠償しなければならない。

第５条（受入検査）

1　買主は，売主が本件商品を納入した後，速やかに，買主が定める検査方法及び検査規格に基づいて，本件商品の正誤，外観及び数量についての受入検査（以下，単に「受入検査」という。）を行い，その結果を売主に通知する。

2　本件商品の納入日から２週間を経過しても，買主から何らの通知がなされない場合は，納入日に遡って受入検査に合格したものとみなす。

3　受入検査において本件商品が不合格となり，又は数量過少若しくは数量過多が発見された場合には，売主は，自己の責任と費用負担により，

項 目
(7) 危険負担 引渡前後に商品が破損した場合のルール規定です。特に高額商品の場合は明確にルールを決める必要があります。建築工事などで，現場の引渡前に，台風などで破損する可能性がある場合も同様です。なお，保険に入る責任規定も同時に検討し，必要に応じて保険に加入すべき主体や内容を明記します。
(8) 返品のルール 個別契約の成立後は，理由のない契約の解約（買主側から言えば返品）は許されないのが基本です。サンプル条項は，その基本に基づいたものですが，例外的に，一定の条件のもとに返品（買主側の一方的な希望に基づく返品・返金がされるのを前提とします）を認める場合は，当該ルールを明記する必要があります。
(9) 契約不適合責任（旧 瑕疵担保責任） 改正民法（2020年4月施行）によって，契約不適合責任という名称になり，内容も若干変わりました。契約不適合責任について，契約書に定めないと，会社間の売買契約の場合，商法の規定に従うことになります。商法の規定は，基本的には公平な内容なので，相手方から提示された契約書に，契約不適合責任の条項がなく，特に事情がなければ，そのまま受けても問題ないと思います。

サンプル条項

買主が指定する期限までに，代替品，不足分等を納入し，不合格品，過剰納入分（以下「不合格品等」という。）を引取る。

4 売主が不合格品等を買主から引き取るまでの間，買主は自己の財産におけると同一の注意をもってこれらの不合格品等を保管する。尚，買主の保管に要する費用は，売主の負担とする。

5 買主が売主に対して不合格品等を引き取るように通知を発した時から2週間が経過したとき，買主は，不合格品等を廃棄することができる。尚，廃棄に要した費用は，売主の負担とする。

第7条（危険負担）

本件商品の納入後，受入検査合格前に生じた本件商品の滅失，毀損，減量，変質等の損害は買主の責に帰すべき事由による場合を除き，売主の負担とし，本件商品の受入検査合格後に生じたこれらの損害は売主の責に帰すべき事由による場合を除き，買主の負担とする。

第9条（返品）

買主が本件商品の返品を希望する場合には，両当事者協議の上，返品の条件，返品の方法，返品により売主が買主に対して支払う金額等について合意した場合に限り，買主は売主に対して本件商品の返品をすることができる。

第10条（契約不適合責任）

1 本件商品の受入検査合格後，受入検査にて発見できない隠れた契約不適合事由が発見された場合には，買主は売主に対し速やかにその旨を通知する。

2 買主は，前項の通知をしたときは，売主に対し，買主の選択により，売主の負担による代替品の納入又は個別契約の解除の意思表示をすることができる。尚，買主から売主に対する損害賠償の請求を妨げない。

項　　目
商法に従うと契約不適合責任を負担する期間は，引渡から６か月です。買主側で，もっと長い期間とすることを希望する場合は，必ず右記の10条３項のような規定を設ける必要があります。
⑽　代金支払（決済）方法の決定 代金支払（決済）方法を明記することは必須だと思います。以下のようなポイントがあると思います。サンプル条項はごく一般的な内容です。 • 現金取引であること（手形取引をする場合は特別な規定が必要です） • 振込か。振込に要する代金の負担。 • 締め日と支払日
⑾　所有権の移転時期 引き渡した商品の所有権がいつ移転するか？　というのも，契約書のチェックポイントの１つです。売主側から言えば，代金支払いまで所有権は売主がキープし，代金完済時に移転するのが債権回収上，望ましいです。 万一，期限内に代金が支払われない場合，商品の在庫があれば，所有権が売主にあることを主張して，商品を引き上げて損失を免れることが可能となります。 以上の趣旨を想定する場合は，サンプル条項のような記載となります。
⑿　契約の解除／期限の利益の喪失 相手方に契約違反，経済的破綻，反社との関係があった場合，基本契約書や個別契約を解除できる規定を設ける必要があります。なお，債務不履行があった場合，仮に契約書に規定がなくても，契約解除は可能ですが，経済的破綻等も含めて，契約解除ができることを明記するのが良いと思います。 また，売主側は，代金を即時に回収できる期限の利益の喪失条項（サンプル条項の14条２項を参照）を設ける必要があります。これがないと，法的には，当初の合意どおり月末まで代金の支払いを請求することができません。

サンプル条項
３　前二項の規定は，受入検査合格後１ヵ年を経過した本件商品については適用されない。
第11条（代金の支払） 売主は買主に対し，受入検査合格した本件商品の代金を毎月末日締めにて買主に請求し，買主は翌月末までに売主が指定する銀行口座に振り込むことにより支払う。送金手数料は買主の負担とする。
第13条（所有権の移転時期） 本件商品の所有権は，代金完済時において，売主から買主に移転する。
第14条　（契約の解除） 買主または売主に次の各号の一つに該当する事由が生じたときは，相手方は本基本契約及び個別契約の全部または一部を解除し，かつそれにより生じた損害賠償を請求することができる。 ①　本基本契約に違反する事実があったとき。 ②　手形，小切手を不渡りにする等，財産状態が悪化し，又はその恐れがあると認められる相当の理由があるとき。 ③　差押え，仮差押え，仮処分，その他これに準ずる処分，破産，民事再生，会社更生手続きの開始もしくは競売の申し立てを受け，又は自ら任意整理を開始し，破産，民事再生，会社更生手続きの開始申し立

項　目
⒀　**遅延損害金** 売主の立場からすると，14.6パーセントなどの遅延損害金条項を規定することが望ましいです。ちなみに，この中途半端な数字は，日歩4銭（1日当たり0.4パーセント）から来ており，日本における昔からの慣習を引き継いだ形の数字です。 遅延損害金規定がないと，法定利率の3パーセントが適用されます。法定利率を超える遅延損害金を設定することによって，相手方も遅延することのプレッシャーが大きくなり，回収に利するという効果があります。
⒁　**損害賠償条項** この条項は，基本的には，「請求される側」（売主や請負人）において，「制限を設ける必要性」から検討する必要があります。 以前に私が経験した例では，雑誌の景品の製造委託を請け負った会社が，景品に瑕疵があり，雑誌の販売日に合わせて，急遽，コストを無視して調達した景品の製造価格を損害賠償されるという例がありました。景品の製造委託金額は数百万円でしたが，損害賠償された金額は1億円近いものでした。 このように債務不履行や契約不適合が起きてしまうと，損害が巨額にな

サンプル条項

てをしたとき。

④　営業の廃止，もしくは変更，又は合併，もしくは解散の決議をしたとき。

⑤　相手方と反社会的勢力との間に人的・資本的，その他何らかの関係があると判断したとき。

⑥　前５号に準ずる事由があったとき。

⑦　その他本基本契約及び個別契約を継続しがたい事由が生じたとき。

2　買主又は売主が前項各号のいずれかに該当したときは，本基本契約に基づいて相手方に対し負担する一切の債務支払につき当然に期限の利益を失うものとする。

第15条（遅延損害金）

本契約により買主が売主に対して負担する一切の金銭債務について，その遅延損害金は，年14.6％とする。

イ　売主有利バージョン

第19条（損害賠償）

売主及び買主は，自らの責により本契約又は個別契約に違反し，よって相手方に損害を及ぼした場合，請求の原因を問わず，相手方に対して，相手方が直接かつ現実に被った通常損害を賠償する。売主及び買主は，いかなる場合にも自らの予見の有無を問わず特別の事情から生じた損害，逸失利益，派生的損害及び間接損害等については責任を負担しない。

2　前項の損害の賠償額は，請求の原因を問わず，当該損害の直接の原因となった個別契約に定める個々の取引に対する対価を限度とする。

項　　目
る可能性がある取引においては，基本契約書等の条項において，損害の範囲を一定に抑えるような条項を設けることが必須となります（もしくは保険で塡補できる前提で取引をするか）。この点は，非常に重要であり，条項の有無は，万一の問題が起きたときは，会社の浮沈を決めることになります。 一方，買主（商品やサービスの提供を請ける側）においては，問題が起きた場合は，民法・商法における法理，判例より，もっと有利に責任を追及できる条項を設けることが有利となります。 この点は，売主買主双方のせめぎ合いということになります。 イ　賠償義務を加重する例 合理的な弁護士報酬なども損害として明記する例。 ロ　制限を設ける例 直接損害に限り，間接損害・得べかりし利益・第三者からの賠償請求に基づく損害を除外する方法。 あるいは，個別契約に基づく代金，あるいは委託業務報酬の１か月分等の合理的な金額の上限を定める例が多いです。
⒂　不可抗力条項 2019年から始まったコロナ禍は，世界を一変させました。例えば，コロナによる問題で売主側の履行が困難になることがあり得るのであれば，右記のサンプル条項のような形で，コロナ原因を含めた，不可抗力条項を設けて，債務不履行にならないことを明記する必要があります。
⒃　守秘義務条項 営業秘密を保持する条項も，基本契約書には不可欠だと思います。重要な契約であれば，当然，秘密保持契約書も「セット」として，締結するの

サンプル条項

3　相手方に生じた損害が売主又は買主の故意または重過失に起因する場合に限り，前２項は適用しないものとする。本項において故意とは，売主又は買主が相手方又は第三者に損害を与える意図をもって本契約又は個別契約に違反する行為を行った場合をいう。

ロ　買主有利バージョン

第20条（損害賠償責任）

売主及び買主は，本契約の締結又は履行にあたり，相手方の責めに帰すべき事由により損害を被ったときは，相手方に対し，当該損害（合理的な弁護士費用及びその他の実費を含む）の賠償を請求することができる。

第20条（不可抗力）

売主及び買主は，天災，地変，戦争，内乱，法令の改廃制定，公権力による命令処分，争議行為，輸送機関の事故，通信回線の障害，第三者の不法行為，「感染症の予防及び感染症の患者に対する医療に関する法律」が指定する感染症の蔓延，停電及び電力供給の逼迫，放射能汚染その他の自らの責に帰すことのできない事由により，本契約又は個別契約上の義務の全部若しくは一部の履行遅滞又は履行不能を生じた場合（金銭債務の履行を除く），その責任を負担しない。

第21条（機密保持）

売主及び買主は，本基本契約期間中，及び，本基本契約終了後においても，本基本契約及び個別契約に基づく取引を通じて知り得た相手方の技術

項　　目
が適切だと思います。ただ，矛盾がない限り，基本契約書と秘密保持契約書の両方で約定することについて何らの問題もないですし，基本契約書にも規定があるのが望ましいと思います。 チェックのポイントとしては，「契約終了後」も効力を有する内容とする点です。これがないと，契約終了後には，当該義務が消滅することになり，効果が半減すると思います。
⒄　再委託の禁止（あるいはルール） 委託する側（買主等）からは，契約を締結する場合，営業秘密の保護等の観点も含めて，相手方が分かっていて，直接，契約上の義務を負担する取引先だけが業務を行うことができる形として，再委託は，個別の書面による承諾のもとに許諾し，そして再委託先に同等の義務を課し，また再委託先と連帯して責任を負担する規定を設ける必要があります。 これがないと，委託した業務を，どこが担当しているが分からず，また，再委託先の問題によって損害が生じた場合，直接的に責任追及をすることができなくなってしまいます。 また当該条項によって，相手方は再委託先の選定や監督に注意をして，問題を未然に防げるという効果も期待できます。
⒅　権利義務の譲渡の禁止 この条項を設けることにより，売掛金の債権譲渡や担保設定が禁止されます。 買主の立場からすると，売掛金がおかしな金融業者等に譲渡されて，取り立てられる，あるいは，倒産する会社が，売掛金について複数の相手方に譲渡をして，どこに弁済したら良いか分からない等の状況がありますが，そのような場合は，買主は，譲渡先が譲渡禁止特約を知っているか，知らないことに重大な過失があるときはそのような譲渡先の第三者への弁済を拒絶することができます。また，譲渡先が譲渡禁止特約を知らない場合，買主は当該債権額を供託することができます。

サンプル条項

上，営業上の情報を機密として保持し，相手方の事前の書面による承諾を得ることなくして，本基本契約及び個別契約の目的以外の目的に使用し，又は第三者に開示，漏洩等をしてはならない。

第24条（再委託）

① 売主は，製品の製造を第三者に再委託することができる。ただし，この場合，事前に買主の文書による承諾を得るものとする。

② 売主が前項に基づき製品の製造を第三者に再委託した場合においては，当該第三者をして本基本契約の定めを遵守させなければならない。

また，売主は買主に対し，当該第三者の行為について連帯して責任を負担するものとする。

第16条（権利義務の譲渡制限）

売主及び買主は，相手方の事前の書面による承諾を得ることなく，本基本契約及び個別契約並びにこれらから生じる権利，義務の全部又は一部を第三者に譲渡し，担保に供し，又は承継させてはならない。

項　　目
また，売主の立場からすると，買主側企業のＭ＆Ａが行われ，自社の商品やサービスを供給したくない新たな相手方企業との取引を拒絶する直接的な根拠規定となります。 上記のような万一の時は，当該条項の存在がポイントとなります。
⒆　関連法令を遵守する義務を負担する主体の決定 日本においてビジネスを行う場合，さまざまな法規制（行政処分や刑事罰を伴うようなものも含めて）がかかります。契約に当たって，「どちらが関連法規を責任を持って守るか」「万一，法律違反が起きた場合は，どちらの債務不履行か」という点を明確にすることが必要となります。 この条項も①現実に問題が起きた際，責任の所在が明確になる，②そのため，責任を負担する側は，意識して注意をするので問題が未然に防げる，という効果があります。 下記のサンプル条項は，かなり詳細な内容ですが，ビジネスの内容によっては，そこまで詳細でなくても良いので，当該業務に当たって適用となる法律をどちらの責任で遵守するかを明記することは大事なこととなります。

サンプル条項

第17条－1（表明保証）

1　個別契約が食品取引に該当する場合，売主は，買主に対し，次の各号に定める事項を表明し，保証する。

①　売主の販売する商品が，食品衛生法，JAS法，景表法，その他食品関連法規並びに行政機関及び各種業界団体が定めるガイドラインに違反しないこと。

②　前号に掲げる法規及びガイドラインを遵守するために十分で，かつ，消費者の安全を確保するために十分な作業員，施設及び設備を用いてすべての商品を生産していること。

2　個別契約が食品以外の商品取引に該当する場合には，売主は，買主に対して，次の各号に定める事項を表明し，保証する。

①　売主の販売する商品が，消費者安全法，消費生活用製品安全法，有害物質を含有する家庭用品の規制に関する法律，その他消費者の生命，身体，健康の安全を確保するための法規，景表法，並びに行政機関及び各種業界団体が定めるガイドラインに違反しないこと。

②　前号に掲げる法規及びガイドラインを遵守するために十分で，かつ，消費者の安全を確保するために十分な作業員，施設及び設備を用いてすべての商品を生産していること。

③　消費者による使用等が行われる時において通常有すべき安全性がその販売する商品に確保されていること。

3　売主は，本条に定める自己の表明及び保証に関し誤りがあり又は不正確であったことが判明した場合には，直ちに買主に対しその旨書面により通知する。

項　目

⑳　**知財成果物の帰属条項**

知財成果物が生じる可能性がある契約の場合は，成果物の帰属についての条項を規定することがマストです。もともと著作物の制作を依頼する場合は，当然に意識するでしょうが，たとえば，コンサルティング契約のように，一連のサービスの中で，レポート等の知財成果物が生じる可能性がある場合は，委託者側において，意識して知財成果物の帰属条項を設ける必要があります。これがないと，契約終了後，当該レポート等の利用を禁止されてしまうリスクがあります。

なお，売主（受託者）の立場から言うと，著作権等の移転時期は，代金完済時とすることが望ましいです。著作権成果物については，買主は，第三者への提供等の形でビジネス利用することが多いですが，代金支払いがない場合は，当該第三者に対して，売主は代金が支払われない限り，著作権は自社が保有していることの主張が可能となり，代金回収の手段となります。サンプル条項18条１項は「個別業務の完了時」⇒「対価の支払時」のような表現に変わります。

サンプル条項

4 第1項及び第2項の表明保証の違反又は前項の通知義務の違反は，売主の本基本契約違反を構成するものとし，売主は，買主が当該違反により被った一切の損害，損失（風評被害による買主が被った損失も含むがこれに限られない）及び費用（弁護士費用等の専門家の報酬も含むがこれに限られない）につき，買主に対してこれを賠償又は補償する。

第17条－2（知的財産権）

1 売主は，本件商品に関して，第三者の知的財産権を侵害しないように万全の注意を払わなければならない。

2 売主は，第三者との間において知的財産権に関する紛争が生じたときは，自己の責任と費用負担においてこれに対処し解決するものとする。尚，これにより買主が損害を被った場合にはその一切の損害（弁護士費用を含むがこれに限られない）の賠償を行うものとする。

第18条（成果物の著作権）

1 成果物に関する著作権（著作権法第27条および第28条の権利を含む。以下同じ）は，個別業務の完了時に売主から買主に移転する。なお，かかる著作権移転の対価は，個別料金に定めた代金に含まれるものとする。ただし，売主または第三者が本契約締結前に独自に有していた著作物または汎用的に利用可能な著作物の著作権は，売主または当該第三者に留保されるものとする。

2 売主は，成果物に，前項ただし書の著作権が含まれる場合は，買主に書面により通知するものとする。

3 売主は，買主および買主の取引先に対し，成果物の使用に必要な限度で，第1項ただし書の著作物（第三者に帰属するものを除く）の利用を許諾し，または，第三者に帰属する著作物について利用の許諾を取得するものとする。かかる利用許諾の対価は，個別契約に定める料金に含まれるものとする。

4 売主は，買主および買主の取引先に対し，成果物に関する著作者人格

項　目
⑵1 **反社排除条項** 1992年の暴力団対策法（暴対法）の施行以来，こちらの条項は設けられるのが基本となっています。特に上場会社，あるいは上場を目指す会社においては，当該条項がないと手続き上の問題を指摘されるので，必ず条項を設ける必要があります。なお別途，反社排除に関する覚書を締結する例も多いです。 下記は詳細な内容ですが，サンプル条項14条1項⑤のような形で，契約解除事由とするだけでも，十分に効果が期待できると思います。
⑵2 **合意管轄** 仮に契約書の中で合意をしない場合は，民事訴訟法によって管轄が規定されますが，その場合，たとえば東京の会社と北海道の会社の取引であった場合，北海道での訴訟となる可能性が十分にあります。遠隔地での裁判は，それだけで負担となります（弁護士の交通費や出張日当など）。 そこで，東京地方裁判所を管轄として合意すれば，万一の訴訟のときは，

サンプル条項

権を行使しない。成果物の作成者が，売主以外の第三者の場合，売主は買主に対し，当該第三者に著作者人格権を行使させないことを保証する。

第17条（反社会的勢力との取引排除）

売主及び買主は，相手方に対して，現在及び将来において，次の各号に定める事項を表明し確約する。

① 自らが，暴力団，暴力団員，暴力団準構成員，暴力団関係企業又は団体，総会屋，社会運動・政治活動標榜ゴロ，特殊知能暴力集団等，その他反社会的勢力（以下併せて「反社会的勢力」という。）ではないこと。

② 自らが法人の場合，その株主（証券取引所に上場している当事者においては，経営又は事業に実質的な影響力を有する者に限る），役員その他実質的に法人の全部又は一部を支配する者が反社会的勢力ではないこと。

③ 反社会的勢力が，その名目を問わず，自らに対し資金提供や出資を行い（証券取引所に上場している当事者においては経営又は事業に実質的な影響力を有することをもってなされるものに限る），自らの事業を実質的に援助していないこと。

④ 反社会的勢力と次の関係を有していないこと。

ア 自ら若しくは第三者の不正の利益を図る目的，又は第三者に損害を与える目的をもって反社会的勢力を利用していると認められる関係。

イ 反社会的勢力に対して便宜を供与するなど反社会的勢力の維持，運営に協力し，又は関与している関係。

第23条（合意管轄）

売主及び買主が前条に定める協議によっては解決し得なかった事項及び本基本契約又は個別契約に関する紛争を訴訟又は調停により解決する場合，東京地方裁判所を第一審の専属的合意管轄裁判所とする。

項　目
東京の弁護士に依頼をして，東京で裁判をすることができます。 なお，もともと東京の弁護士が札幌地方裁判所での訴訟を受任した場合は，裁判所に上申することによって，ほとんどの訴訟期日を「電話会議」という形で，裁判所に出頭することなく対応することができるシステムになっています。コロナ禍をきっかけにWeb利用による裁判も広く行われるようになりました。 そう考えると，地方の裁判所でも訴訟については，以前ほど費用上の負担はなくなったと思います。ただ，少なくとも証人尋問の場合は出張しなければならず，また東京の弁護士にとって，地方の裁判所は，独特の「アウェイ感」を感じることが少なくありません。また証人尋問の際，事前打ち合わせなどは，よく知らない地方の裁判所の周辺の喫茶店などで行うしかありません。よって，契約書で合意することによって，自社のホームグラウンドでの訴訟が可能であれば，それに越したことはありません。
(23) 連帯保証人の約定 売主の立場から言えば，前述したように，買主側の連帯保証人を取ることはとても重要なプロセスになると思います。 なお，2020年4月施行の改正民法によって，企業間の継続的な取引に基づき発生する不特定の債務について個人による保証（根保証と言います）を行う場合，極度額（ここまでの金額の責任を負うという限度額）を決めないと，保証自体が無効になってしまうので，注意が必要です。サンプル条項をご参照ください。 売主側の立場から言えば，極度額は高いに越したことはありません。ただ，不相当に高くすると，買主側からは異議が出る可能性もあります。売掛金の限度額を設けて，それ以上の取引をしないのであれば，当該売掛金額までで良いという判断となります。

サンプル条項

第24条（連帯保証人の責任）

1　連帯保証人（以下「丙」という。）は，買主と連帯して，本基本契約が更新された場合でも，本基本契約が存続する限り，本契約から生じる買主の一切の債務につき金1,000万円（※個別の取引の売掛額等を考慮して決定します）を極度額として保証するものとする。

2　買主は，連帯保証人が欠けたとき，又は現在の連帯保証人として適当でないと売主が認めたときは，売主の請求に従い，直ちに売主が承諾する者に，連帯保証人を変更しなければならない。

4　相手方から提示された契約書について

・相手方から提示された契約書についても，基本的には，上記観点から，自社にとってのリスクを検討することになります

たとえば，高額の賠償義務が生じる取引の場合は，損害の上限を設けるなどの交渉が必要になる場合があります。売主の立場において，相手方の買主から提示された契約書において損害賠償の制限がなされていることはまずなく，むしろ相手方が負担した弁護士報酬など，賠償の範囲が法律，判例より加重されているケースが多いと思います。

・営業上の観点からの判断も重要

もちろん，営業上の配慮，相手方との力関係の考慮は不可欠です。よく，明らかに力関係が上である取引の場合に，妙に，相手方企業が契約書の些細な条項にこだわって「突っ張ってくる」ことがあります。これは，（多くは新米の）頭でっかちな法務担当者が柔軟性を欠いた対応をしているケースが大半です。

私は，そのようなときは，当該法務担当者を介さず，営業ベースで，あるいは経営者サイドにクレームを入れて，柔軟な対応を促すようにアドバイスをしており，ほぼ問題なく解決しています。

自社に有利な契約書を締結できれば良いですが，相手方との関係から，やむを得ない場合は，想定されるリスクも考慮した上で，どこまで妥協するか？という判断も法務担当者にとっては重要なこととなります。

売買取引基本契約書 ―――――――――― (1)

売主株式会社さくら（以下「売主」という。）と買主合資会社うめ（以下「買主」という。）とは，別紙に定める商品バイバイ（以下「本件商品」という。）の売買について，本日，以下のとおり売買取引基本契約（以下「本基本契約」という。）を締結する。 ―― (2)

第１条（有効期間・中途解約）―――――――――― (3)(4)

1．本基本契約の有効期間は，　　年　　月　　日から　　年　　月　　日までとする。但し，期間満了の１ヶ月前までに，売主及び買主のいずれも本基本契約を継続しない旨を書面によって相手方に申し出ないときは，本基本契約は，期間満了日の翌日から１年間自動的に延長されるものとし，以後も同様とする。

2．売主及び買主は，書面による３ヶ月前の予告期間をもって，いつでも本基本契約を解除することができる。

第３条（個別契約の成立及び内容）―――――――――― (5)

1．個別契約は，買主が売主に対して注文書を発行し（以下「発注」という。），売主が承諾の意思を示した注文請書が買主に到達した時（以下「受注」という。）に成立する。

2．買主は，注文書に発注年月日，本件商品の商品名，品番，単価，数量，代金総額，納期，納入場所等所定の必要事項を記載する。

3．売主は，買主より注文書を受領した後，５営業日以内にその諾否を買主に通知する。当該期間内に売主から通知がない場合には，売主が受注したものとみなし，買主の注文どおりに個別契約が成立する。

4．第１項の規定にかかわらず，売主又は買主が電子メール，FAX等の方法を利用することを希望した場合には，相手方の書面による合意を受けた上で，当該方法によることができる。

第4条（引渡）――――――――――――――――――――――――――――――(6)

1．売主は，本件商品を，所定の納品書を付した上で，個別契約に定める納入場所に納入する。

2．本件商品の梱包費，運送費は売主の負担とする。

3．売主は，個別契約に定める納期に所定の数量の全部若しくは一部を納入できない事情が生じた場合，又はそのおそれのある場合には，直ちにその理由及び新たな納入予定時期等を買主に書面にて通知するとともに，買主の必要とする処置に全面的に協力するものとする。尚，これらの処置を講じても買主の要求が満たされない場合には，買主は，催告その他の手続きを要することなく，直ちに当該個別契約を解除することができる。

4．前項の通知は売主を免責するものではなく，売主の責に帰すべき事由により売主が本件商品を納期に納入できなかった場合には，売主は買主に生じた一切の損害を賠償しなければならない。

第7条（危険負担）――――――――――――――――――――――――――――(7)

本件商品の納入後，受入検査合格前に生じた本件商品の滅失，毀損，減量，変質等の損害は買主の責に帰すべき事由による場合を除き，売主の負担とし，本件商品の受入検査合格後に生じたこれらの損害は売主の責に帰すべき事由による場合を除き，買主の負担とする。

第9条（返品）――――――――――――――――――――――――――――――(8)

買主が本件商品の返品を希望する場合には，両当事者協議の上，返品の条件，返品の方法，返品により売主が買主に対して支払う金額等について合意した場合に限り，買主は売主に対して本件商品の返品をすることができる。

第10条（契約不適合責任）――――――――――――――――――――――――――――――⑼

1．本件商品の受入検査合格後，受入検査にて発見できない隠れた契約不適合事由が発見された場合には，買主は売主に対し速やかにその旨を通知する。

2．買主は，前項の通知をしたときは，売主に対し，買主の選択により，売主の負担による代替品の納入又は個別契約の解除の意思表示をすることができる。尚，買主から売主に対する損害賠償の請求を妨げない。

3．前二項の規定は，受入検査合格後１ヵ年を経過した本件商品については適用されない。

第11条（代金の支払）―――――――――――――――――――――――――――――――⑽

売主は買主に対し，受入検査合格した本件商品の代金を毎月末日締めにて買主に請求し，買主は翌月末までに売主が指定する銀行口座に振り込むことにより支払う。送金手数料は買主の負担とする。

第13条（所有権の移転時期）――――――――――――――――――――――――――――⑾

本件商品の所有権は，代金完済時において，売主から買主に移転する。

第14条（契約の解除）―――――――――――――――――――――――――――――――⑿

買主または売主に次の各号の一つに該当する事由が生じたときは，相手方は本基本契約及び個別契約の全部または一部を解除し，かつそれにより生じた損害賠償を請求することができる。

① 本基本契約に違反する事実があったとき。

② 手形，小切手を不渡りにする等，財産状態が悪化し，又はその恐れがあると認められる相当の理由があるとき。

③ 差押え，仮差押え，仮処分，その他これに準ずる処分，破産，民事再生，会社更生手続きの開始もしくは競売の申し立てを受け，又は自ら任意整理を開始し，破産，民事再生，会社更生手続きの開始

申し立てをしたとき。

④　営業の廃止，もしくは変更，又は合併，もしくは解散の決議をしたとき。

⑤　相手方と反社会的勢力との間に人的・資本的，その他何らかの関係があると判断したとき。

⑥　前5号に準ずる事由があったとき。

⑦　その他本基本契約及び個別契約を継続しがたい事由が生じたとき。

2．買主又は売主が前項各号のいずれかに該当したときは，本基本契約に基づいて相手方に対し負担する一切の債務支払につき当然に期限の利益を失うものとする。

第15条（遅延損害金）――――――――――――――――――――――――――――――⒀

本契約により買主が売主に対して負担する一切の金銭債務について，その遅延損害金は，年14.6％とする。

第16条（権利義務の譲渡制限）

売主及び買主は，相手方の事前の書面による承諾を得ることなく，本基本契約及び個別契約並びにこれらから生じる権利，義務の全部又は一部を第三者に譲渡し，担保に供し，又は承継させてはならない。

第17条－1（表明保証）――――――――――――――――――――――――――――⒆

1．個別契約が食品取引に該当する場合，売主は，買主に対し，次の各号に定める事項を表明し，保証する。

①　売主の販売する商品が，食品衛生法，JAS法，景表法，その他食品関連法規並びに行政機関及び各種業界団体が定めるガイドラインに違反しないこと。

②　前号に掲げる法規及びガイドラインを遵守するために十分で，かつ，消費者の安全を確保するために十分な作業員，施設及び設備を

用いてすべての商品を生産していること。

2．個別契約が食品以外の商品取引に該当する場合には，売主は，買主に対して，次の各号に定める事項を表明し，保証する。

① 売主の販売する商品が，消費者安全法，消費生活用製品安全法，有害物質を含有する家庭用品の規制に関する法律，その他消費者の生命，身体，健康の安全を確保するための法規，景表法，並びに行政機関及び各種業界団体が定めるガイドラインに違反しないこと。

② 前号に掲げる法規及びガイドラインを遵守するために十分で，かつ，消費者の安全を確保するために十分な作業員，施設及び設備を用いてすべての商品を生産していること。

③ 消費者による使用等が行われる時において通常有すべき安全性がその販売する商品に確保されていること。

3．売主は，本条に定める自己の表明及び保証に関し誤りがあり又は不正確であったことが判明した場合には，直ちに買主に対しその旨書面により通知する。

4．第1項及び第2項の表明保証の違反又は前項の通知義務の違反は，売主の本基本契約違反を構成するものとし，売主は，買主が当該違反により被った一切の損害，損失（風評被害による買主が被った損失も含むがこれに限られない）及び費用（弁護士費用等の専門家の報酬も含むがこれに限られない）につき，買主に対してこれを賠償又は補償する。

第17条－2（知的財産権）――――――――――――――――――(19)

1．売主は，本件商品に関して，第三者の知的財産権を侵害しないように万全の注意を払わなければならない。

2．売主は，第三者との間において知的財産権に関する紛争が生じたときは，自己の責任と費用負担においてこれに対処し解決するものとする。尚，これにより買主が損害を被った場合にはその一切の損害（弁護士費用を含むがこれに限られない）の賠償を行うものとする。

第17条（反社会的勢力との取引排除）―――――――――――――――――――――――(17)

売主及び買主は，相手方に対して，現在及び将来において，次の各号に定める事項を表明し確約する。

① 自らが，暴力団，暴力団員，暴力団準構成員，暴力団関係企業又は団体，総会屋，社会運動・政治活動標榜ゴロ，特殊知能暴力集団等，その他反社会的勢力（以下併せて「反社会的勢力」という。）ではないこと。

② 自らが法人の場合，その株主（証券取引所に上場している当事者においては，経営又は事業に実質的な影響力を有する者に限る），役員その他実質的に法人の全部又は一部を支配する者が反社会的勢力ではないこと。

③ 反社会的勢力が，その名目を問わず，自らに対し資金提供や出資を行い（証券取引所に上場している当事者においては経営又は事業に実質的な影響力を有することをもってなされるものに限る），自らの事業を実質的に援助していないこと。

④ 反社会的勢力と次の関係を有していないこと。

ア 自ら若しくは第三者の不正の利益を図る目的，又は第三者に損害を与える目的をもって反社会的勢力を利用していると認められる関係。

イ 反社会的勢力に対して便宜を供与するなど反社会的勢力の維持，運営に協力し，又は関与している関係。

第18条（成果物の著作権）―――――――――――――――――――――――――――(20)

1．成果物に関する著作権（著作権法第27条および第28条の権利を含む。以下同じ）は，個別業務の完了時に売主から買主に移転する。なお，かかる著作権移転の対価は，個別料金に定めた代金に含まれるものとする。ただし，売主または第三者が本契約締結前に独自に有していた著作物または汎用的に利用可能な著作物の著作権は，売主または当該第三者に留保されるものとする。

2．売主は，成果物に，前項ただし書の著作権が含まれる場合は，買主に書面により通知するものとする。

3．売主は，買主および買主の取引先に対し，成果物の使用に必要な限度で，第1項ただし書の著作物（第三者に帰属するものを除く）の利用を許諾し，または，第三者に帰属する著作物について利用の許諾を取得するものとする。かかる利用許諾の対価は，個別契約に定める料金に含まれるものとする。

4．売主は，買主および買主の取引先に対し，成果物に関する著作者人格権を行使しない。成果物の作成者が，売主以外の第三者の場合，売主は買主に対し，当該第三者に著作者人格権を行使させないことを保証する。

第19条（損害賠償）※売主有利バージョン――――――――――――⑭

1．売主及び買主は，自らの責により本契約又は個別契約に違反し，よって相手方に損害を及ぼした場合，請求の原因を問わず，相手方に対して，相手方が直接かつ現実に被った通常損害を賠償する。売主及び買主は，いかなる場合にも自らの予見の有無を問わず特別の事情から生じた損害，逸失利益，派生的損害及び間接損害等については責任を負担しない。

2．前項の損害の賠償額は，請求の原因を問わず，当該損害の直接の原因となった個別契約に定める個々の取引に対する対価を限度とする。

3．相手方に生じた損害が売主又は買主の故意または重過失に起因する場合に限り，前2項は適用しないものとする。本項において故意とは，売主又は買主が相手方又は第三者に損害を与える意図をもって本契約又は個別契約に違反する行為を行った場合をいう。

第19条（損害賠償責任）※買主有利バージョン――――――――⑭

売主及び買主は，本契約の締結又は履行にあたり，相手方の責めに帰すべき事由により損害を被ったときは，相手方に対し，当該損害（合理的な弁護士費用及びその他の実費を含む）の賠償を請求することができる。

第20条（不可抗力）――――――――――――――――――――――⑮

売主及び買主は，天災，地変，戦争，内乱，法令の改廃制定，公権力による命令処分，争議行為，輸送機関の事故，通信回線の障害，第三者の不法行為，「感染症の予防及び感染症の患者に対する医療に関する法律」が指定する感染症の蔓延，停電及び電力供給の逼迫，放射能汚染その他の自らの責に帰すことのできない事由により，本契約又は個別契約上の義務の全部若しくは一部の履行遅滞又は履行不能を生じた場合（金銭債務の履行を除く），その責任を負担しない。

第21条（機密保持）――――――――――――――――――――――⑯

売主及び買主は，本基本契約期間中，及び，本基本契約終了後においても，本基本契約及び個別契約に基づく取引を通じて知り得た相手方の技術上，営業上の情報を機密として保持し，相手方の事前の書面による承諾を得ることなくして，本基本契約及び個別契約の目的以外の目的に使用し，又は第三者に開示，漏洩等をしてはならない。

第23条（合意管轄）――――――――――――――――――――――㉒

売主及び買主が前条に定める協議によっては解決し得なかった事項及び本基本契約又は個別契約に関する紛争を訴訟又は調停により解決する場合，東京地方裁判所を第一審の専属的合意管轄裁判所とする。

第24条（再委託）―――――――――――――――――――――――⑰

1．売主は，製品の製造を第三者に再委託することができる。ただし，この場合，事前に買主の文書による承諾を得るものとする。
2．売主が前項に基づき製品の製造を第三者に再委託した場合においては，当該第三者をして本基本契約の定めを遵守させなければならない。また，売主は買主に対し，当該第三者の行為について連帯して責任を負担するものとする。

第24条（連帯保証人の責任）――――――――――――――――――(23)
1．連帯保証人（以下「丙」という）は，買主と連帯して，本基本契約が更新された場合でも，本基本契約が存続する限り，本契約から生じる買主の一切の債務につき金1,000万円（※個別の取引の売掛額等を考慮して決定します）を極度額として保証するものとする。
2．買主は，連帯保証人が欠けたとき，又は現在の連帯保証人として適当でないと売主が認めたときは，売主の請求に従い，直ちに売主が承諾する者に，連帯保証人を変更しなければならない。

§4 取引を終了する場合の注意

長くウィンウィンの取引が続けば，お互いにハッピーでしょうが，企業取引においては，どこかのタイミングで取引が終了するケースも多いです。変なたとえですが，男女の仲でも，女（あるいは男）が終わったと思っているのに，相手の男（あるいは女）は終わっていないと思っていると，大変なトラブルになるケースが多いですよね。企業取引でも，取引を終了する場合の注意ポイントがあります。法務担当者としては，以下の点を注意していただければと思います。なお，サンプル文面で引用している契約書条文は，前項の「サンプル条項」を前提としたものです。

サンプル条項

• 期間満了による終了――――――(1)

【サンプル文面】

貴社と弊社との間の2022年１月１日付売買取引基本契約書ですが，第１条１項の規定により，2022年12月末日をもって終了させていただきますので，ご通知致します。

• 契約期間中での終了――――――(2)

【サンプル文面】

貴社と弊社との間の2022年１月１日付売買取引基本契約書ですが，第１条２項の規定により，2022年12月末日をもって終了させていただきますので，本日付け（2022年10月20日）にて，終了の意思表示を行います。

• 合意による終了――――――(3)

【サンプル文面】

株式会社さくらと合資会社うめは，両者間の2022年１月１日付売買取引基本契約書について，2022年５月末日をもって，合意にて解約を行うことを相互に確認する。

コラム　契約を終了するには

「長くお世話になりましたが，貴事務所との顧問契約を，来月をもって終了させていただきます」。私の場合，多くの新規顧問契約もありますが，その一方，このようなご連絡をいただくことも珍しいことではありません。企業が顧問契約を終了する理由は，色々ありますが，私の経験では，以下のようなものがあげられます。まずは企業の経営上の理由です。弁護士に対する顧問料の支払いは，コスト削減をしたい中小企業にとっては，真っ先に手を付けたいものだと思います。次は，「顧問契約をしたものの，相談する場面がない」というケースです。顧問弁護士としては，できるだけ有効利用して契約を続けてほしいのですが，これればかりは致しかたないですね。

法律顧問契約書

依頼者　株式会社[redacted]を甲とし、弁護士　千原　曜　を乙として、乙が甲の求めに応じて法律上のアドバイスを与えることについて、法律顧問に関する契約を次のとおり締結する。

第１条　甲は乙に対し、甲の業務に関して法律上の助言を与える事務（以下「法律事務」という）を依頼し、乙はこれを受任し、甲の利益を尊重して迅速かつ誠実に行うものとする。

第２条　１．本契約でいう「法律事務」とは次のとおりとし、電子メール利用による対応を基本とする。
(1) 法律相談、法律調査
(2) 契約書等のチェック、サンプルの提供等のアドバイス
(3) 定型的な内容証明郵便の送付及び簡易な交渉
(4) その他、顧問料の範囲内と認められる法律事務

２．以下の業務は、乙の提供する法律業務であるが、前項の顧問料の範囲外となり、甲の要望を受けて、乙において別途、見積もりを行う。
(1) 訴訟やこれに類する争訟案件
(2) 非定型的な契約書の作成やこれに類する業務
(3) 非定型的な内容証明郵便の送付や交渉
(4) コンプライアンスセミナー等の実施
(5) 英語を使用する外国関連の業務
(6) 乙の事務所外での会議出席。なお、乙の事務所での面談、あるいは、Webもしくは電話による会議は、会議時間や頻度によっては、顧問契約の範囲外業務となる場合があり、乙は甲に対して、事前に相談を行うものとする。

３．本契約に基づく、乙による法律事務への対応は、乙の事務所営業時間である平日９時３０分乃至１７時３０分の時間内を基本とする。但し、緊急等の場合は、この限りではない。

第３条　１．甲は乙に対し、顧問料として月額金[redacted]万[redacted]円を、源泉徴収税を差引き、消費税を付して毎月末日限り翌月分を支払う。なお、当該金額は、乙の法人との顧問契約の最低金額であり、乙が顧問業務を遂行する過程において、甲からの業務依頼が想定以上に多い場合、乙は甲に対し、理由を告げて、顧問料の増額を申し出ることができ、甲乙はこれを協議するものとする。

２．顧問料の支払方法は、以下のいずれかによる方法とする。
(1) 乙の指定する方法による口座振替（振替手数料は乙の負担とする）
(2) 乙の指定する銀行口座に振込する方法（振込手数料は甲の負担とする）

項　目
1　期間満了による終了 先の基本契約書でもご説明しましたが，終了の通知をしないと，さらに同一期間，自動更新になる条項が入っている場合が多いです。 個別の取引を行うときには，都度，個別契約を締結する形であれば大きな問題はありませんが，月額の定額契約（賃貸借契約やアドバイザリー契約などが典型です）など，継続的に費用が発生する契約書については，必ず契約書の規定する「時期」に「規定」する方法にて，契約終了の通知をする必要があります。契約書の規定に従って，契約終了日の３ヶ月前までに，書面で契約終了の意思表示をするという形です。 なお，契約に基づく終了の場合は，理由を書く必要はありません。むしろ余計なことを書かないほうが良いと思います。
2　契約期間中での終了 契約期間中に中途解約条項に基づいて終了する場合は，基本的には通知は必須になると思います。こちらも理由を書く必要はなく，右記のようなシンプルな内容で良いと思います。
3　合意による終了 例えば，期間途中において，双方の合意にて取引を終了する場合は，終了した旨を明確にするために，合意書面を作成する必要があります。 書面がないと，後に相手方から存続を主張される可能性があります。
4　契約終了の通知書について できれば内容証明郵便，あるいは配達証明など，送達を証明できる方法により通知する必要があると思います。
5　契約終了後の注意点 契約書（守秘義務契約を含む）に従って，相手方に対し，機密情報の返還や廃棄・消去等の要請を行うことを検討する必要があります。

サンプル文案
貴社と弊社との間の2022年1月1日付売買取引基本契約書ですが，第1条1項の規定により，2022年12月末日をもって終了させていただきますので，ご通知致します。 ※通知書を想定
貴社と弊社との間の2022年1月1日付売買取引基本契約書ですが，第1条2項の規定により，2022年12月末日をもって終了させていただきますので，本日付け（2022年10月20日）にて，終了の意思表示を行います。 ※通知書を想定
株式会社さくらと合資会社うめは，両者間の2022年1月1日付売買取引基本契約書について，2022年5月末日をもって，合意にて解約を行うことを相互に確認する。 ※合意書の締結を想定

契約終了合意書

株式会社さくら共同（以下「甲」という）と株式会社梅販売（以下「乙」という）は甲乙間における2022年5月1日付締結の業務委託契約（以下「原契約」という。）について、以下のとおり合意した。

第1条

甲及び乙は、原契約の定めにかかわらず、原契約を2022年9月30日付けにて合意解約するものとする。

第2条

乙は、本合意による契約終了に伴い、甲に帰属する各機密書類、データ類等を直ちに返還し、原契約に関して残存する事項、その他の伝達事項を、甲又は甲の指定の者に対し内容を引継ぐものとする。

第3条

甲は、原契約に定める業務委託料について残存するものがある場合は、2022年10月30日迄に精算を行い支払うものとする。

第4条

甲及び乙は、本合意による契約解除によって、原契約に定めた損害賠償義務、秘密保持事項等が免除されるものではなく、原契約の定め（原契約第●条）に従うものであることを確認する。

以上のとおり、合意が成立したのでこれを証するため、本契約書2通を作成し、各自、署名押印又は記名押印の上各1通を所持する。

2022年9月30日

甲:　東京都新宿区四谷1-6-1
株式会社さくら共同
代表取締役社長　千原曜

乙:　東京都千代田区神田神保町
株式会社梅
代表取締役社長　中継太郎

第4部

債権の回収方法

これまでご説明してきたとおり，企業にとっては，売掛金の回収が滞りなく行えることが，健全な企業経営の最低条件と考えて良いと思います。すべて前金取引ができるのであれば良いですが，どんなに競争力がある企業でも，それだけではビジネスはできず，おそらくは，売掛金等を作り，それを回収するというプロセスは必須だと思います。

通常の取引の中で，円滑に回収できない場合，どのような方法があるか？　という点から，ご説明をしたいと思います。

イ　法的な手続きに拠らない一般的な手段，

ロ　法的な手続きを取る場合，

という形に分けてご説明したいと思います。

§1 滞りなく債権回収を行うための方策

まず,「一般論」としては,以下の2点から検討をいただくことになると思います。

1 正しいシステムの構築（事前の調査,契約書の作成,担保の重要性）

これまでの章でご説明してきたとおり,滞りなく債権回収ができることを前提とした,「社内システムの構築」が必要です。売掛金＝貸金,と考え,お金を貸す場合と同じ注意,警戒,体制のもとに取引を進めることになります。どうしても営業が優先しがちですが,詐欺目的のような取引もよくあり,また企業の倒産もよく起きることです。正しいシステムを作って,きちんと実行し,また実行されているかどうかを監視するということも必要になります。

2 支払が遅延した場合の即時の毅然たる対応

そのように注意しても,支払が遅延する場合はがあります。その場合は,すでに「危険なシグナル」が出ているものです。企業が資金難に陥り,取引先に支払ができない場合,どんな対応に出るでしょうか？

私が知る限り,一番多いのは「クレームを付けること」です。真面目な担当者は,そのような支払遅延の「ための」クレームをまともに取って,あたかも自社に非があるような前提で行動することがあります。また「社内システムの変更による支払期日の変更」とか「社内システム不良による支払手続きの遅延」等,いろいろな理由を述べることもあります。

取引先企業に対する支払を決められた日時に行うことは,企業にとっては,信用上,極めて大事なことであり,どんな理由を付けるにせよ,支払が遅延することは「異例」なことなのです。

よって,相手方がどんな理由を付けたとしても,支払遅延は,イエローサインであり，企業としては，「速やかに」「毅然たる」対応をとる必要があります。企業が倒産する場合は，債権回収に熱心な債権者は，被害がゼロ，あるいは最小限で収まり，のんびりした企業が全面的に被害を被るという例は非常に多いです。

この点，以下に，

① 法的手続以外，

② 法的手続に分けてご説明をしたいと思います。

最終通告書

前略、株式会社■■■■■（以下「通知人」と言います）の代理人として、以下のとおり、最終的に通告致します。

通知人は貴殿に対し、貴殿の施工不良により通知人が貴殿に代わって負担をした下記記載の金■■■■円の代金請求権（以下「本件債権」と言います）を有しています。

貴殿は通知人に対して、自らの責任を認めた上で、本件債権の支払を約定されていますが、貴殿は、支払いも行わず、また、通知人が貴殿へ送付した合意書の返送すら行わず、やむなく通知人が連絡をしても、連絡が付かない状況であり、非常に不誠実な対応を取られています。

よって、通知人は貴殿に対し、本件債権全額を本書到着後７日以内に下記口座宛に振り込んで支払うよう最終的に催促致します。

記

〔本件債権の表示〕

通知人と■■■■における工事請負契約に関し、貴殿の施工時の施工不良（瑕疵）により、貴殿に代わり通知人が当該瑕疵の修補を行った手直し工事代金にかかる求償債権

未払代金：金■■■■円

〔振込先口座〕

■■■■■■■■

口座番号　■■■■■■

口座名義　■■■■■■

なお、期限までに履行が存しない場合については、通知人は、貴殿に対し、訴訟提起を行う予定ですのでご留意下さい。また、その際は、訴訟に必要な印紙代や郵便等の訴訟費用も合わせてご請求致します。

通知人は貴殿との交渉に関する一切につき、後記法律事務所に委任しています。仮に連絡、交渉事項がある場合でも、一切の御連絡は担当弁護士である千原宛に「書面にて」（手紙の他、ファクシミリでも結構です）お願い致します。

§2　債権回収が滞った後での効果的な回収方法（法的手続以外）

1　まめな催告（電話，通知，直接訪問）

私ども弁護士が企業の倒産事件を担当すると，A取引先には，滞り無く支払っていて，B取引先には，何か月分も遅延しているなど，支払状況にバラツキがあるケースが多いです。

悪意あるいは故意で支払を行わないようなケースを除いて，多くは，経営状況が悪くて資金難に陥っており，支払いたくても資金不足で支払えないのです。

そういう企業は，どこにも支払えないということはなく，約束したとおりの支払がなくても，あまり追及してこないB取引先への支払を優先しないということになります。そこで，原始的な方法ではありますが，約束どおりの支払がない場合は，しつこく催促して，倒産する前に支払ってもらわなければなりません。

こと債権回収という点から言えば，とにかく，しつこければしつこいほど，支払ってもらえる可能性が高くなると思います。

そういう観点から言えば，直接訪問することも効果的だと思います。

2　現物の引き上げ

続いて，これも原始的な方法ですが，商品の場合は，支払がない企業からは現物を引き上げるということも考える必要があります。

① 商品を供給している場合で，物がまだ売り先企業甲にあれば，現物を引き上げることは効果的です。なお，第三者企業乙に転売されていれば，乙が善意取得によって所有権を取得している可能性は高いです。ただ，乙が所有権を取得するためには善意，無過失という要件があるので，乙に対して，商品の有無や善意の有無について問い合わせをすることは可能だと思います。この問い合わせによって，甲には多大なプレッシャーをかけるこ

とができると思います。

② その前提として，基本契約書で代金を支払うまで所有権を留保する旨を規定することも大切です。※83ページ（所有権の移転時期）参照。

③ なお，その場合でも，売り先企業の承諾を得ずに引き上げると，窃盗罪等になるリスクがあります。そこで，基本契約書で所有権が留保されていることを示して，承諾を得て，商品を引き上げるという形になると思います。

3　交渉材料を利用しての債権回収

(1) 「適法」な交渉手段の検討

その他，相手方に対する「効果的な方法」で，かつ，「違法ではない方法」を考えることになります。

例えば，その後の商品の供給を止める，作業を停止する，保証人に請求する，監督官庁に苦情を述べる，元請けに文句を言う等です。これらを実行する前に警告をして支払を促すというプロセスになります。前述した，転売先企業に問い合わせる等も同じだと思います。

さらに著作権の移転がなされるケースで，相手方甲がさらに当該著作権を利用して販売している先乙があれば，代金不払いによって著作権が移転していないことを主張し，その相手方甲の客先乙に著作権を主張する，と言えばやむなく支払う可能性が高いです。

(2) 違法な取立に注意

しかし，家賃を払わない賃借人の電気，ガスを止める，鍵を取り替えるなどの行為は違法となるので，限界に注意しなければなりません。

また，違法でなくても，あまりにえげつない手段を取ると，逆に信用に傷が付くのでバランス感覚が重要です。 例えば，保証人となっている対象者に早朝，深夜に取り立てをすれば効果的ですが，このようなことをするのは問題になります。支払に応じず，連絡に応じようともしない相手方企業のオフィスに出向く，会えないようであれば，やむなく社長の自宅に行く等までは，セーフだと思います。

4　内容証明郵便の発送

訴訟外の交渉の中で，最もポピュラーなのは，内容証明郵便の送付です。以下に意味合いを説明したいと思います。

(1)　内容証明郵便の効用

内容証明郵便は，記載された「日時」に「その内容の通知を出したこと」が公的に証明されます。通常の配達証明などは，当該日時に書面が配達されたことは証明できますが，通知の内容までは証明できません。

①　直接的な効用

後々の裁判において，その日時にその内容の通知を出した証拠となります。

②　間接的な効用

普通の請求書という形ではなく，内容証明郵便という形で送付されれば，相手方にインパクトがあります。「本気で債権回収を考えていること」を分からせることができます。

(2)　内容証明郵便の内容について

下記の郵便型を選択する場合は，字数制限がありますが，他は取り立てて，記載すべき内容についての制約などはありません。要は，相手方および第三者が読んで内容が理解できるものであれば良いというものです。

一般的な内容証明郵便には，以下のような記載事項があります。

①　請求する債権の内容の説明

② 支払期限および振込口座等の指定

③ 期限内に支払わなかった場合の措置の予告

【内容証明郵便の文例】

最終通告書

前略，株式会社さくら共同（※以下「当社」と言います）は，以下のとおり，最終的に通告致します。

当社は貴社に対し，下記のとおり，合計金685,707円の債権（以下「本件債権」と言います）を有しています。

ところが，貴社は，何等の理由もなく，当社が何度も催告を行っているにもかかわらず，本件債権の支払を長期に渡って行っておらず，大変不誠実な対応を取られております。

よって，当社は貴社に対し，本件債権全額を本書到着後７日以内に下記口座宛振り込んで支払うよう最終的に催促致します。

記

〔本件債権の表示〕

2021年７月20日納品分

●●製LED照明製品　685,000円（税込み）

〔振込先口座の表示〕

●●銀行　●●支店　普通口座　口座番号●●　カ）サクラキョウドウ

以上

支払方法についてご相談等がある場合は，本通知書を受領されてから一週間以内に，当社担当田中一郎（電話番号××）まで，必ずご連絡下さい。また，本書面へのお問い合わせ等の連絡もすべて上記までお願いします。

当社と貴社との間の2020年10月１日付「売買基本契約書」第30条１項には，「本製品の所有権は，第28条（支払方法）に基づく商品代金完済時に，乙から甲に移転します。」と明記されています。よって，上記照明製品は，当社が現在も所有しています。貴社のお支払いが無い場合，当社としては，施主側に，貴社への代金支払いの有無を確認し，製品引き上げの交渉を行うことも検討しています。

【コメント１】こちらは，所有権留保条項に基づく通告となります。このような交渉材料があれば，記載することになります。

万一，お支払いのない場合，あるいは，期日までに御連絡いただけない場合には，当社は，上記の他にも，貴社の売掛先である●●商事株式会社に対する債権，取引銀行（●●銀行等）の口座の仮差押，裁判所への訴訟提起等の断固たる法的手段を取らせていただきますので，ご留意下さい。

【コメント２】具体的に相手方の得意先会社名，取引銀行などが分かれば，そちらを具体的に記載すると，効果的な場合があります。

また，本書は，貴社が受領しない場合を考慮して，通常の速達郵便でも，同文を送付致しますので，御了解下さい。

【コメント３】内容証明郵便の場合，相手方が故意に受領しないと送達ができない仕組みになっています。そこで，このように普通郵便を同送する形として，実際にされると効果的です。証明力という点でも，内容証明郵便が相手方が受領しないため届かなくても，普通郵便が戻ってこない限り，相手方が受領したという証明は十分に可能だと思います。

草々

2021年７月22日

〒160－0004
東京都新宿区四谷１－６－１
株式会社さくら共同
代表取締役　千原　曜

〒●●
神奈川県横浜市●●
株式会社●●
代表取締役　●●殿

(3) 内容証明郵便の送付方法

内容証明郵便の送付方法には，電子内容証明郵便による場合と，郵便局に行く場合の２通りがあります。簡便で字数制限がない電子内容証明郵便を使用されることがお勧めです。

① 電子内容証明郵便

以下，説明のURLと説明文です。

https://www.post.japanpost.jp/service/enaiyo/index.html

1　e内容証明の専用Webサイトにログインします。
※ご利用には無料の利用登録が必要です。
2　Wordファイルで作成した内容証明文書をアップロードし，差出人およびあて先を入力します。
3　クレジットカードまたは料金後納で支払いを行います。
4　アップロードいただいた内容証明文書を当社の完全自動化された機械で，

印刷・照合・封入封かんし，内容証明郵便として発送します。お申し込みをした（「差出」ボタンを押した）時点の日付で，内容証明文書に日付が印字されます。

5　受取人あてに一般書留で正本が，差出人あてに簡易書留で謄本が配達されます。

② 郵便局に行く場合

こちらは下記のとおりとなります。

https://www.post.japanpost.jp/service/fuka_service/syomei/

郵便窓口に次のものを提出していただきます。

⑴　内容文書（受取人へ送付するもの）

⑵　⑴の謄本２通（差出人および郵便局が各１通ずつ保存するもの）

⑶　差出人および受取人の住所氏名を記載した封筒

⑷　内容証明の加算料金を含む郵便料金

念のため，差出人の印鑑をお持ちいただくことをお勧めいたします。

内容文書・謄本とも，用紙の大きさ，記載用具を問いませんから，市販の内容証明用紙以外の用紙を用いても，また，コピーにより作成してもかまいません。ただし，謄本には字数・行数の制限があります。詳細はご利用の条件等をご覧ください。

⑷ 弁護士に依頼する場合

内容証明郵便は上記のサンプルのように，自社の代表取締役名義で出すこともできますが，顧問弁護士等に依頼して，弁護士を代理人名義で送付することも考えられます。

弁護士が代理人として内容証明郵便を出す場合のメリット	i　手慣れているので迅速，内容も正確 私などは，打ち合わせて１時間以内に，内容証明郵便の送付手続きを完了しているなどのスピード感で対応することができます。もちろん事務スタッフの協力を得てですが。
	ii　相手方に対するインパクトも大きい。払わなければ，法的措置を受けると考える。 「弁護士名で送付された内容証明郵便」というのは，一般の人にとってはインパクトのあるものだと思います。 例えば，不倫に心当たりがある人が，突然，不倫相手の配偶者の代理人弁護士から内容証明郵便が送られてきたらどう思いますか？ ただ，弁護士から内容証明郵便を出すようなケースは，すでに，相手方でも，どうにもならない状態になっていることが多いので，そうすると，結局効果はないということはよくあります。 弁護士名で内容証明郵便を出したからといって，オールマイティではなく，「いくらか効果が期待できる」程度となります。

(5)　内容証明郵便を送付する場合の効果的な請求方法

単純に売掛金の支払を催告する内容証明郵便を出しても，それまで催促されて払わないような相手方ですから，あまり効き目は期待できません。

私たち弁護士が，代理人名義にて出した内容証明郵便でも，それに応えて振り込む例はむしろ少ないと思います。そこで，相手方の売掛先○○社に対する債権を仮差押する，相手方の取引のある○○銀行の口座を仮差押する，などと具体名を挙げて，催告すると効き目があることがあります。前述した内容証明郵便文例のコメント１，コメント２をご参照ください。

また，内容証明郵便を出した後も，出しっぱなしではなく，その後にも，こまめに催促する，あるいは，さらに法的手続を行うことを検討することになります。また，２度目の内容証明郵便で支払に応じる例も，時にありますので，２度くらいは出してみるという選択肢もあると思います。

§3　債権回収が滞った後での効果的な回収方法（法的手続）

さて，前章では，交渉ベース，特に内容証明郵便の送付など，法的な手続きには入らない回収方法をご説明しました。本章では，「最終手段」とも言える法的な手続きについてご説明をしたいと思います。

1　担保実行・保証人への請求

「保証人も含めて担保を取っている」というケースに限定されますが，以下のような方法が考えられます。

⑴　保証人への請求，内容証明郵便送付，訴訟提起

保証人がいる場合は，保証人に連絡を取る，内容証明郵便を送付する等して支払を催告することになると思います。また訴訟などの法的な手続きを取るときは，主債務者の取引会社と保証人両方を被告として，代金支払い請求の訴訟を提起することになります。

なお，保証人については，相手方会社の代表取締役である場合が圧倒的に多いと思います。そして，そのような場合，当該代表取締役は，他の企業に対する債務についても連帯保証人になっているケースが多いです。

そうすると，例えば企業が倒産すると，連帯保証人である代表取締役と一緒に倒産状態となり，結局，回収不能という形になります。

企業が自己破産を申し立てる場合，企業と企業の代表取締役の双方が自己破産を申し立てるというパターンが非常に多いです。

⑵　担保の実行（不動産競売の申立）

不動産に根抵当権等を付けているのであれば，不動産の競売を申し立てることを検討します。ただし，不動産競売の申立自体50万円程度の申立費用がかかり，不動産の客観的な価値Aが，先順位の抵当権者の金額Bを差し引いても残余がないと，競売申立は却下されて，50万円程度の申立費用は没収されてしまいます。そこで闇雲に競売を申し立てれば良いということではなく，不動産の価値や先順位の抵当権などの状況を見て，慎重に対応する必要があります。

不動産以外の担保を取っている場合は，当該担保に応じて，それぞれ方法を検討することになります。

(3)　保証金からの取得

取引に当たって，相手方企業から，保証金の預託を受けているのであれば，代金の不払いがあれば，そちらから回収することができます。保証金の預託を受けている場合，基本的には，相手方が破産等になっても，保証金から優先的に回収を受けることができます。

以上のように，効果的な担保（現金回収可能な担保。資力のある保証人を含む）があれば，回収の可能性は高まります。逆になければ回収は困難となる。

2　訴訟等の法的な手続き～請求する対象者～

有効な担保がない場合は，訴訟提起等を検討することになります。以下は法的手続について説明しますが，取引先が破産や任意整理等により倒産手続に入っており，それらが取引先の債権者に通知された後では，ほとんど効果がないというのが現実です。

支払を請求する「候補者」としては，以下が考えられます。

①　相手方企業

②　相手方企業の連帯保証人

③　相手方企業の役員

連帯保証人になっていない企業の役員についても差押の対象になり得る資産（本人名義の無担保の自宅等）を有しており，かつ，粉飾決算や放漫経営，あるいは詐欺的取引等の法的な責任を問える事由が存するときは，以下の責任追及を検討しても良いです。ただ，会社の債権については，基本的には保証人以外の役員は責任を負わず，負担するのは，役員自らが問題行為に加担しているケースだけとお考えください。当然，訴えられた役員側は，責任を争いますので，裁判において勝訴できるかは不明です。

3　仮差押（仮処分）

訴訟提起を行う前に，必ず検討しなければならないのが，仮差押です。私が仮差押を依頼される場合に見積書に付けるのが，次の文例です。相手方企業の取引先に対する債権や銀行口座の仮差押を検討する際の説明文書です。

参考文書　弁護士が見積書に付ける仮差押の説明文

仮差押手続のメリット・デメリット

Ⅰ　仮差押手続が成功に至るポイント

1　仮差押が成功するかについては，いくつかのポイントないしリスクがあります。

①　裁判所が，貴社の相手方に対する債権を適当と認め，かつ，仮差押の必要性についても妥当と認めるか。

→この点をクリアできれば，仮差押決定は出ます。本件では，仮差押自体は認められると考えられます。

②　仮差押決定が出た場合，仮差押対象となる債権が存在するか。

→すなわち，相手方の取引先に対する債権や銀行預金等を仮差押することになりますが，その場合，仮差押分の債権を実際に存在しているか，あるいは，相手方との取引において相殺勘定になっていないか等がポイントとなります。

これらの点をクリアできれば，回収の可能性は高まります。債権の存在は，完全には調査できないので，「空振り」の可能性が十分に考えられます。

③　①，②をクリアしたとして，実際に金銭を回収するまでに，相手方が破産等の法的整理状態となる，あるいは，租税債権等の競合する債権の差押が重なる。

→これらが起きてしまえば，せっかく，仮差押が行われても，実際には回収不能となります。

2　上記のように，仮差押手続によって実際に金銭が回収できるかについては不確定要素が多々あり，必ずしも成功するとは限らず，どこかで失敗した場合は，仮差押は無駄になります。

3　仮差押に要する保証金について

仮差押決定を得るためには，請求金額の20～30パーセント相当額の保証金を裁判所の指定する方法で預託しなければなりません。

これは仮差押自体が違法でない限りは，基本的には事案解決後（あるいは仮差押の取下後）には取り戻せるものです。しかし，該当金額をご用意いただくと共に，一定期間利用することができません。

具体的な金額が決まるのは裁判官との面接後となります。

Ⅱ　仮差押の効果について

1　首尾良く仮差押ができて，債権の差押ができれば，相手方としては，早急な解決が要求されますので，金銭回収の可能性は高まります。

2　しかし，仮差押の対象とした取引先や金融機関には，仮差押の通知が行われますので，体力のない会社はこれで信用を喪失して倒産し，破産手続（破産になると仮差押の効力は消滅）という最悪のシナリオの可能性もあります。

文例をお読みいただいてお分かりになるとおり，重要な債権回収に当たって，仮差押は必ず検討すべきプロセスではありますが，手間暇と費用がかかり，また，弁護士としての率直な感想としては，効を奏するのは20パーセント以下です。

仮差押の必要性

例えば，日比谷公園で寝ているホームレス相手に１億円の判決を得ても意味がありません。弁護士は債権回収の相談を受けると，まず裁判に勝ち目があるかどうかより，「相手方側に資力があるかどうか」を優先的に検討します。相手方企業が破産手続きになっていれば，当該企業相手には，取るべき手段はありません。

ⅰ．仮差押はあらかじめ，ある程度の証明と保証金を積むことで，結果の一部分を先取りする制度。
　例えば，金銭請求を行う場合に相手方の銀行口座にある預金を仮に差し押さえる。
ⅱ．預託を要求される保証金
　事案によって，担当裁判官の決定により10〜30パーセント程度が多い。

メリット	• 仮差押に成功した上で訴訟提起を行う場合，勝訴判決が無意味にならない。 • 相手方に対する大きなインパクトになり，うまく行けば解決が早いです。例えば，売掛金や銀行口座の仮差押をすれば，相手方の売掛先や取引銀行に仮差押の通知がなされ，解決を迫られることになります。また不動産に仮差押をすると，不動産の仮差押登記がなされるため，相手方は仮差押の件を解消しない限り，通常は売買などができなくなります。 • 以上により，仮差押の実行により，相手方が折れて，金銭を支払ってくるというケースもあります。
	• 相手方に対する打撃が深刻な場合があります。倒産の引き金になってしまう可能性があり，倒産すると回収はできなくなります。

<table>
<tr><td>デメリット</td><td>
• 弁護士費用等の費用がかかります。
• 解決までの一定期間保証金が「寝る」ことになります。
• 差押が空振りに終わる場合が極めて多いです。
例えば，銀行口座が空（あるいは数十円しかない），差し押さえた売掛金が存在しない等です。
• もっと多額の債権（あるいは租税債権）と仮差押が競合すると仮差押が負けてしまいます。倒産事案の場合，源泉税，消費税や社会保険料を長年にわたって滞納しているケースが多いです。これらは仮差押より優先することになります。
• そして，相手方が破産等の法的手続に移行することもリスクです。破産手続になると仮差押は無効となり，意味がなくなってしまいます。
</td></tr>
</table>

4　本訴訟の提起

一般の方が法的な手続きの中の債権回収において，最初に頭に思い浮かぶのは，この訴訟手続きだと思います。

仮差押を検討，あるいは実行した上で，最終的に，相手方に対する訴訟提起が回収手段となります。イ）訴訟中において和解を行って，その和解条項に従って回収するか，ロ）勝訴判決を得て，その上で相手方から任意の支払を受ける，ハ）勝訴判決を得て，強制執行で回収する，という回収パターンが考えられます。

(1)　相手方が大会社，行政機関，信用に問題がない会社等であれば，「勝訴できる」訴訟提起は効果的です。

（訴訟の問題点）

①　まず時間がかかることです

訴状を出してから，第1回の期日が入るまでだけで2か月前後かかります。

その上で，相手方が欠席して勝訴できる判決だとすぐ終わりますが，まともに争われると，一審だけで１年近くはかかるケースが多いです。敗訴側が控訴をして高裁での審理となれば，２年前後はかかってしまうと思います。複雑な争点がある訴訟であれば，終了するまで４～５年かかることもよくあることです。

②　手間がかかります

弁護士に事情を説明し，訴状，その都度，準備書面を作成し，和解にならなければ証人尋問に出席しなければならないケースも多いです。

さらに，和解にならなければ，勝訴した場合，次項に説明するような強制執行の手続を行わなければなりません。

③　費用がかかります

かかる費用は，主に弁護士費用です。次に説明します。また裁判所に訴状提出の際，印紙を貼る必要があります。請求金額の0.5パーセントが基準となります。この印紙代は，基本的には回収できません。

④　自社の弁護士費用は，基本的には自社負担となります

金銭請求訴訟では，勝訴しても「相手方に自社の弁護士費用は請求できない」のが現在の判例です。交通事故訴訟など一部例外があります。

相手方において，どんなに支払わないことが理不尽で，また，争うことが理不尽でも，自社の弁護士費用は自社で負担しなければなりません。

⑤　大抵，和解で終わり，早期解決のために譲る場合が多いです

訴訟継続の手間，強制執行の手間等から，結局和解を選択する場合が多いです。その場合，良くて利息・損害金カット，悪ければ元本を削ったり，分割払いなどの結果に終わる場合も多いです。

⑥　裁判ですので，事案によっての敗訴リスクがあります

われわれ弁護士の立場からすると，担当する裁判官の「当たり外れ」もあり，いずれにせよ，不確定事由が多いです。

⑦　相手方が無資力であれば，例え勝訴しても「紙切れ」である

訴訟費や費やした手間暇，費用はすべて無駄になってしまいます。

⑵　弁護士費用の説明

民事訴訟事件についての弁護士報酬のシステムは，基本的に，

ⅰ　イニシャルコストである着手金と，

ⅱ　結果が出た場合の成功報酬，

という形です。よく「訴訟が長引くと弁護士費用がかかる」と言われますが，このシステムである場合は間違いとなります。

ただ，一部大手法律事務所等では，訴訟についても，タイムチャージ制を採用して，敗訴でも，チャージがかかる契約形態を取ることがあります。この場合は，「訴訟が長引くと弁護士費用がかかる」というのは真実となります。訴訟には膨大な時間がかかり，また，弁護士がどこまでやるか？　というのは，まさに弁護士の「裁量」でクライアントにはコントロールできない部分です。よって，タイムチャージで訴訟を依頼する場合は，キャップ（報酬の上限）を設けて，企業として当該紛争に支出できる予算を明確にすることは必須になります。

民事事件における着手金と成功報酬の説明

私がクライアントに提示する下記書面をご参照ください。こちらは通常の売掛金回収ではなく，競業企業に対する損害賠償請求の事案ですが，参考にはなると思います。

【弁護士がクライアントに出す報酬見積書のサンプル】

見積書兼契約条件提示書

202X年７月20日

株式会社中央物産エステート御中

東京都新宿区四谷一丁目６番１号
四谷タワー８階
さくら共同法律事務所
弁護士　千　原　　曜

御依頼の案件について，当事務所で行うにつき，以下のとおり，見積及び契約条件を提示します。

御不明な点，誤った点がありましたら遠慮なくご指摘下さい。

なお，本見積書で御承諾いただく場合，委任契約書を締結致します。また，本書も貴社と，当方の契約条件を規定する文章となりますので，大切に御保管下さい。

第一．報酬の説明

一．見積もりの対象となる事件

東京地方裁判所
損害賠償等請求事件
原告　貴社
被告　○○

二．弁護士報酬の説明

1．弁護士報酬は事件受任時の着手金，成功終了時の成功報酬に分かれています。それぞれ，個々の事案の経済的利益等に応じて，当事務所が採用する日本弁護士連合会（日弁連）が従前採用していた旧報酬規程に基づいて算出されます。以下に説明します。

2．まず，着手金については，事件に着手した後は成功，不成功にかかわらず，お返ししないものとなります。また，成功報酬は事案の成功度に応じて算出され，全く成功しなかった場合はゼロとなります。なお，成功報酬の請求時には，話し合いを行い，双方，納得の上で御請求します。

3．本件の着手金について

本事件の場合，経済的利益は，相手方へ請求する金1,800万2,890円（＊＊に属する商品の＊＊売上を，＊年＊月期と＊年＊月期とで比較した場合の，売上減少額）となりますが，貴社に有利に端数をカットし，<u>金1,800万円</u>として計算します。

経済的利益1,800万円の民事事件については，旧日弁連規定の報酬標準金額は着手金が，<u>金99万円</u>，成功報酬が金198万円と規定されています（別表のとおり）。

但し，貴社には顧問契約を御締結頂いており，これによると20パーセントのディスカウントが規定されていますので，これを行うと，<u>金79万2,000円（税別）</u>をもって着手金として御提示致します。

4．成功報酬金について

事案が成功した場合は，貴社が本訴の結果，実際に回収できた金額（差止が得られた場合はその経済的利益も含めます）を経済的利益として，弁護士会の報酬基準をもとに所定の顧問割引きを行って成功報酬をご請求致します。

三．報酬の御提示

記

着手金	79万2,000円
源泉徴収税	▲８万0,863円
消費税	７万9,200円
合計	金79万 337円

また，訴訟提起の印紙代として，1,800万2,890円を請求する場合は，７万7,000円を要しますので，合わせてお支払いいただくようお願いします。

なお，御承認いただいた内容にて，委任契約書を締結させていただきます。

四．お支払方法

〔振込口座〕

三菱UFJ銀行　新橋支店　普通預金

口座番号　×××××××

口座名義　弁護士　千原　曜

以上の金額，及び，第２の部分の契約条件で御承諾いただけます時は，御連絡いただき，委任契約を締結した後に，上記口座までお振り込み下さい。なお，上記のとおり，源泉手続を宜しくお願いします。

第二．事案の見通し等

一．損害賠償訴訟一般に，日本の裁判所の場合，認定が厳しいです。

①，相手方の故意（あるいは過失による）違法行為，②，貴社側の損害，③，違法行為と損害の因果関係，の立証全てを完全に行う必要があります。本件では，全てについてある程度の材料はありますが，

相当の不確定要素もあります。

二．また，相手方会社自体が，設立して間もなく，相手方の資産が全く見えない状況ですので，金銭回収の可能性については，相当の疑問がございます。仮に勝訴できても，相手方が開き直り，相手方に資産が無ければ，強制執行による回収ができません。

三．また，裁判ですので，相手方の主張内容によっては，新たな争点，問題が出る可能性はあります。その都度，御相談させていただきながら，最善の方向性を取りたいと思います。

第三．契約条件

なお，当事務所において，本事件を取り扱う場合，以下の契約条件となります。

一．着手金，成功報酬については，前述したとおりです。

二．本件の担当者については，千原　曜は書面の作成，方針の指揮を行いますが，さくら共同法律事務所の他の所属弁護士と事件を行います。

三．事務費（郵便代，交通費，通信費等，印紙代等）は，貴社側へのご請求となります。

四．当事務所の営業時間は，平日９時30分～17時30分までとなります。業務対応は基本的には，上記時間内となります。

五．弁護士の地方出張が必要な場合，地方に応じて１回当たりの日当が必要となり，貴社側の負担となります。本件では，東京地方裁判所での提訴が可能と考えられ，その場合は不要です。

六．当事務所は事件の進行状況及び経費の使用状況について，その都度，正確な報告を行い，また，問い合わせに応じます。

敬具

上記例に記載のように，一般的な民事事件についての，一般的な日本の法律事務所が提示するのは，以下のような報酬となります。

① 着手金…イニシャルコストで弁護士が事件に着手した以上，仮に結果が出なくても通常は返金されません。

② 報酬金…成功報酬で成功度に応じて算出される。全く成功しなければゼロになる。

（経済的利益に額による弁護士報酬）着手金，成功報酬
300万以下　着手金８パーセント，成功報酬16パーセント
300万～3,000万の間

	着手金	５パーセントプラス９万
	成功報酬	10パーセントプラス18万
3,000万～３億		
	着手金	３パーセントプラス69万
	成功報酬	６パーセントプラス138万
３億以上	着手金	２パーセントプラス369万
	成功報酬	４パーセントプラス738万

5　強制執行

判決に基づいて，相手方の財産を差し押さえる手続です。

「仮差押の部分」で説明したのと同じ問題点（回収の失敗，相手方の信用を落とす）があります。いずれにせよ，相手方企業に強制執行可能な財産がなければ強制執行は無意味な手続きになります。

【強制執行が不成功に終わるパターン】

- 以前に相手方所有の不動産があったが，勝訴判決が出た時点で，第三者名義に所有権移転がされている。

- 相手方所有の不動産があるが，先順位の抵当権が設定されており，当該債権金額は不動産の時価を上回っている（いわゆるオーバーローン状態）。
- 銀行口座に預金があったが，裁判所から差押通知が届いた時点では，すでに引き出されている。
- 裁判所からの差し押さえ通知が届いた時点より，後に，預金口座に入金された金銭。
  ⇒これらを考えると，どの時点で，銀行口座の差押通知が，銀行に着くようにするかというのが重要となります。月末など残高がありそうな時期を狙って，差押通知が銀行に送達されるように工夫することになります。
- 預金はあるが，銀行からの借り入れと相殺勘定となっている。

【動産執行は？】

よく家財道具や会社の豪華な応接セットなどを差し押さえることを考えますが，動産の強制執行はほとんど無意味です。家財道具を差し押さえて10万円以上の金額を回収できる場合など滅多にないことです。動産執行で成功するのは営業店舗等で現金を差し押さえられるケースです。

【強制執行される相手方の立場は？】

強制執行の意味合いについては，逆に被告になった立場から考えていただければ分かりやすいと思います。下記は，私が，被告事件（金銭請求をされた企業）のクライアントに，訴訟対応の見積に当たって，ご提示する文例です。

【サンプル文書】

金銭請求を受けた被告の方へのご説明

1　一審判決敗訴の場合は，「仮執行宣言」がなされること

被告として，金銭を請求される訴訟において，残念ながら，一審において敗訴判決となった場合，裁判所が「仮執行宣言」という命令を合わせて出します。

これは，判決が貴社に送付された後は，貴社が控訴をしたとしても，貴社の

有する資産（貴社の場合は，自社の預金口座にある金銭，保有不動産等）についての差押え手続きが可能になることを意味します。

２　仮執行宣言に対する執行停止申立について

上記強制執行手続きを止めるためには，「執行停止申立」という申立が可能ですが，これが認められるためには，控訴を行うと共に，所定の供託金（その時点での裁判所の判断によりますが，敗訴した金額の約９割程度まで，あり得ます）を積む必要があります。本件において，相手方から請求された1,800万円の敗訴判決が出れば，1,600万円前後の供託金を積むことが要求される場合があります。

もちろん，強制執行をされても構わないのであれば，そのような供託金を積む必要はございません。

３　金銭を積んで執行停止を行うことの意味合いについて

供託金を積んで執行停止決定を得れば，強制執行は止まります。ただ，原告側は，当該金銭の存在は，しっかりと把握することになります。そこで，高裁において，和解の話し合いになったときは，よほど，裁判所の心証が変わらない限り，当該供託金額分は，少なくとも，和解においては支払う前提となってしまうケースが非常に多いです。

４　控訴した場合の高等裁判所のスケジュールについて

なお，一審の判決から，高裁の第１回の期日までは，３か月前後の間が空きますが，高裁の手続きは，第１回以降は，非常に早く進み，だいたい80パーセントの案件が，第１回の期日で結審（手続きを終了）して，２か月以内の日付で判決言い渡し日を決めるという形になります。その上で，多くは，判決までに和解の話し合いが行われ，成立しない場合には，判決が言い渡されるという形になるのが通常です。ただ，相手方がこの段階で，和解を断固拒絶すれば，そのまま判決になるという形も考えられます。

５　高裁敗訴の場合の最高裁への上告について

高裁の判決については，最高裁判所へ上告することが，理論的には可能です。ただ，上告が受理されるのは，憲法違反等の例外的なケースです。本件では，そのような主張は基本的に考えられません。したがって，高裁で敗訴してしまった場合は，それを覆すことは，事実上できない，とご理解下さい。

6 破産申立等

強制執行が不能な場合の最終的な手段としては，相手方企業に対する「破産申立」が考えられます。

多くの破産手続きは，倒産会社側からの申請による「自己破産」です。ただ，債権者側の申立による破産も要件を満たせば成立します。私のクライアントで，

強制執行でも回収できない場合，相手方企業に対して，破産申立を検討するケースもあり，その場合の見積書に添付する説明文書は，以下のとおりです。

【参考文書　債権者申立の破産事件の説明】

一．破産申立の要件は，①，相手方に対する債権の存在，及び，②，相手方の債務超過です。なお，貴社が，破産申立を行って，裁判所側が相当の理由があると認めて，所定の予納金を納めると，「審尋手続き」と言って，相手方も呼び出されて，弁解・反論の機会が与えられます。この手続きは，裁判と似ています。この過程（もしくは破産申立を予告した段階）で，相手方が破産手続開始決定を回避するために，何とか資金調達を行って，貴社に弁済する可能性があります。

また，弁済が行われず，審尋手続きの結果，債務超過が認められ，かつ，相手方が貴社に債務を弁済しないと，破産手続開始決定が行われます。

二．破産手続開始決定が行われた場合は，裁判所が第三者の弁護士を破産管財人に選任し，現在の相手方の代表取締役は，法人の財産管理権を喪失し，以降は，当該破産管財人が，資産や問題行為の調査，換価，債権者に対する配当手続きを行います。また，適宜，債権者集会を開催して，管財人が業務報告を行い，通常は半年～２年程度で，破産手続きが終了します。

管財人が財産を集めた結果，配当分があれば，貴社にも配当されます。但し，たとえば倒産会社の従業員の給与等の労働債権，税金については，優先債権となります。また，破産管財人の報酬も最優先されます。管財人が換価した財産から上記の優先的な債権や報酬を差し引いた残額について，それ以外の債権者に均分に配当されます（貴社が破産申立を行ったとしても優先的に配当を受けることはありません）。

従って，本件において，僅かなパーセンテージの配当率であっても，最終的に貴社に配当されるかどうかは，大きな疑問があります。多くの破産事件は無配当で終了します。なお，破産管財人は債務者会社の役員等の不正行為があれば，それについても調査等を行うのが通常です。

三．予納金について

破産申立による双方審尋が開始されるためには，前述した金額での予納金を裁判所に納付する必要があります。これは，破産管財人の業務報酬を保証する趣旨の金銭です。従って，破産管財人が活動した結果，報酬分の金銭を回収できれば，予納金は一部，もしくは全部が貴社に返還されます。しかし，管財人報酬分を回収できなければ，予納金は，そのまま管財人の報酬に充当され，財団不足となり，貴社が預託した予納金は返還されません。この点は十分に御了解下さい。

四．なお，相手方が破産の審尋の前後にわたって，貴社が納得できる和解条件を申し入れた場合は，破産申立は取り下げることになります。この場合でも着手金はご返金致しませんので，御了解下さい。

以上のように，会社側で，弁護士費用をかけ，保証金を預託して，相手方を破産に追い込んだとしても，これらの費用に見合っただけの回収ができる可能性は低いです。むしろ弁護士費用分どころか，預託した保証金も回収できないリスクも十分にあります。どちらかと言うと，相手方会社が破産したくない場合，何とか財産をかき集めて，弁済をしてくることを期待するという副次的な目的もあると考えられます。

また，破産宣告の場合，破産管財人による不正行為の調査等が行われることを期待しますが，管財人の調査，対応能力には限界があり，多くの不正行為は，破産手続きの中でも十分に調査，対応されることなく終了してしまいます。よって，この点についても過大な期待はできません。

その上で，破産管財人の報酬は，裁判所が決めますが，結構な金額です。日本の多くの弁護士にとって，裁判所から選任される破産管財人としての報酬は，重要な収入源の１つになっているという実情があります。

§４　債権回収に失敗した場合

以上をお読みいただければ分かるとおり，一度，正常に回収できなくなってしまった債権回収は，非常に難しいです。改めて，焦げ付きを出さない日常からの管理が重要ということを指摘させていただきます。

不幸にして債権回収に失敗して焦げ付きが生じた場合についても，それで終わらせずに，以下のようなポイントのチェックが必要だと思います。

１　取引金融機関，取引先対策（上場企業の場合，株主対策もある）

高額の債権焦げ付きの場合，当該企業自体の信用不安を招きかねないので，これらの対策も考える必要があります。

２　税務上の処理

スムーズに損金処理を行う手順について，顧問税理士等の指導を受け，必要な場合は顧問弁護士にも内容証明郵便送付や経緯書の作成等の手続を依頼することになります。私も，顧問会社の税務上の処理の目的のための，エビデンス作りのため，回収不能が明かな相手方に対して，支払催告を行う内容証明郵便を送付することがよくあります。

３　原因の分析と今後の対策

焦げ付きをそのままで終わらせず，社内のシステムとして，取引の端緒，取引関係書類（稟議書から契約書まで）の再チェック，担当者からの事情聴取，報告書の入手，経営会議での審議等により，原因の分析と今後の対策を行って同じ事態を招かないことが大事だと思います。

また，焦げ付きの場合，担当者と取引先との癒着や担当者の虚偽報告等の社内不正が行われている場合も多いです。迅速かつ十分に調査を行って，不正行為があれば，担当者の社内処分等も検討する必要があります。

4　保険，共済金の受領

前述した倒産防止共済や保険に加入している場合，保険金の申請手続きを行うことになります。

5　会社経営に支障が生じた場合

その上で，債権回収の不能によって，会社経営に支障が出た場合も，速やかに対応を検討する必要があります。

そして，

① 金融機関や大手取引先の援助等のもとに営業継続を図るか，

② 最後の手段となりますが，弁護士に相談の上，民事再生，会社更生等の企業再生型の倒産処理方法を検討し，不可能な場合は，破産等の倒産処理方法を検討し，その場合でも事業譲渡等により従業員等の生活が保障されるよう努力をするということになると思います。そして，会社債務について連帯保証を行っている経営者等についても自己破産などの倒産処理手続きを合わせて検討することになります。

コラム　債権回収の失敗

私が上場企業を含めて，多くの顧問会社の相談を受ける中で，債権回収の失敗はどうしても起きてしまうことだと実感しています。相手方企業との癒着があるなど悪質な場合を除き，担当者を過度に叱責するなどは，パワハラなどの別の問題の原因になるリスクがあるので，注意が必要です。「会社として債権管理体制ができていなかった」という点を素直に認めて，全社的に再発防止策を講じるのが正しい対応だと思います。

破産手続開始通知書

事件番号　令和３年（フ）第　　（令和　年　月　日申立）
本店所在地　東京都江東区

破 産 者　**株式会社**
代表者代表取締役

1　上記の者に対し，破産手続開始決定がされたので，次のとおり通知します。

（1）　破産手続開始日時　令和　年　月　日午後　時
（2）　**破産管財人**　弁護士　ＦＡＸ
（3）　破産債権届出期間　令和　年　月　日まで
（4）　破産債権届出書及び交付要求書の提出先

> 管財人への
> お問い合わせは
> FAX又は郵便でお願いします。
> 電話での問い合わせは
> お控えください。

東京都千代田区
律事務所　弁護士　気付
令和　年（フ）第　事件書類受領事務担当　行

（5）　財産状況報告集会・債権調査期日の日時及び場所　**※集会への出席は任意です。**
令和　年3月　日午後　時　債権者等集会場1（家簡地裁合同庁舎5階）
所在場所は「債権者集会場のご案内」のとおりです。
財産状況報告集会において，破産財団をもって破産手続の費用を支弁するに不足する場合は，①破産手続廃止に関する意見聴取のための集会，②破産管財人の任務終了による計算報告集会も併せて実施します。
（6）① 破産者に対して債務を負担している者は，破産者に弁済してはならない。
② 破産者の財産を所持している者は，破産者にその財産を交付してはならない。

2　破産債権届出
（1）　届け出る場合は，同封した届出書を使用し，１（４）の提出先に郵送してください（別紙「封筒表書見本」参照）。保証人への請求等のため，債権届出日の証明を必要とする方は，配達証明郵便等をご利用ください。
（2）　破産債権届出書は，同封の届出書１通と証拠書類のコピー１部（原本不可）を合わせてホッチキスで左綴じにしてください。資格証明書は不要です。
（3）　破産手続開始後に支払期日が到来する手形については，支払期日が破産手続開始後１年以内であれば額面額を届出債権としてください。証拠書類の手形は両面をコピーしてください。

3　破産手続の進行については破産管財人まで，破産手続開始前の事情に関するお問い合わせ及び債権についての照会は申立代理人までお願いします。*→※債権額，ポイントについての問い合わせはこちらへ*
申立人代理人　弁護士　千原　曜　電話　03-

東京地方裁判所民事第　部特定管財3係　裁判所書記官

このような破産宣告通知は，一般の方は，それほど目にする機会はないと思いますが，私ども弁護士は日常的に見ます。私自身，2021年度にも，消費者に食品を直販する顧問企業の破産申立の代理人となりました。債権者の立場になる消費者は約2,000人で，大混乱が予想されました。破産申立は，2021年４月に行い，各債権者に対して，127ページのような形の破産宣告通知が発送されました。

そして，第１回の債権者集会が2021年８月中旬に行われました。債権者集会は，裁判所と，裁判所が選任する弁護士がなる破産管財人が主催しますが，申立会社の代理人弁護士や倒産した会社の代表取締役なども出席します。私も他の２名のアソシエイトの弁護士と一緒に債権者集会に出席しました。東京地裁の破産部のフロアに付くと，「●●社の債権者集会はこちらへ」という貼り紙があり，誘導する裁判所の担当の方がいました。さぞかし多くの債権者が詰めかけ，集会では責任追及をされるのか？　と思い，集会室に入ると，優に200人は入れる大きな部屋にずらっと並べられた椅子，でも座っているのは，ぽつんぽつんと４～５人の債権者の方だけでした。

結局，出席した債権者は８名，用意された大きな部屋がむなしい感じでした。債権者から会社を責める質問が出るかと思えば「商品は気に入っているので，どこで買えるか教えて欲しい」など，のん気な？　質問が２～３出ただけでした。破産になってしまえば，もうお手上げというのは，意外と世間に知られた事実なのかもしれませんね。

第5部

企業のための改正民法（債権法）の実務対策

これまで，企業法務の基本である，債権管理，債権回収を中心にご説明をしてきました。2020年4月1日から施行された改正民法に関しては，かなり重要な内容を含んでおり，中には契約書の即時の改訂の必要がある項目もあります。
そこで，本章では，企業法務における実務上，特に留意しておきたいポイントについて解説を行います。
2020年4月1日施行の民法改正は「債権法改正」と呼ばれており，この債権法改正では，実質的な内容の改正は「それほど多くない」と言われています。しかしながら，その実質的に改正された点は，今までの常識とは異なる内容となっている，あるいは，一方の当事者に厳しい内容になっている，など，実務上，重大な影響があります。これらの変更について対応を検討することは，すべての企業にとって必須です。

本章では，2020年4月1日以降の，債権法改正部分が施行された後の民法を「新民法」と，2020年3月31日以前の民法を「旧民法」と表記しました。

なお，本章は，さくら共同法律事務所の小野沢庸弁護士がクライアント向けセミナーで作成した資料をもとに，筆者が加筆等を行い収録したものです。

§１　はじめに

１　債権法改正の企業への大きな影響と対策の必要性について

本章では，「重要な実質的改正」に的を絞って，分かりやすく事例を用いたいと思います。本章で取り扱う内容は，以下のとおりで，いずれも実務上の観点から変更の検討が必要であり，とても役立つものです。

１　契約不適合責任①（サービス提供型の契約の場合） ２　契約不適合責任②（売買契約の場合） ３　保証①（極度額の定めが必要な場合） ４　保証②（公正証書を作成することが必要な場合） ５　定型約款①（拘束力が生じる要件） ６　定型約款②（変更）

２　民法と契約書の関係について

なお，こちらの民法改正の部分を検討するに当たって，「民法（や商法）は契約書に規定のない部分をカバーする」というポイントを理解していただく必要があります。上記の１，２の契約不適合責任の部分は，契約書に規定がないと，民法や商法が適用され，それが会社にとって不利になる可能性があるという点がポイントになります。

また，３，４の保証については，そもそも今までの保証人の取り方，契約条項に従うと，保証契約が無効になる（保証人を取らないと同じことになる）という重要な問題となります。

そして，５，６の定型契約については，この新設された制度を利用すると，多くの消費者との会員契約などについては，改訂の必要が都度出ると思いますが，機動的かつ有効に変更できるという，極めて有用なものです。これについては，利用可能な企業については，「利用しないと損をする」という評価になります。

コラム　改正民法対策は万全？

改正民法がスタートしてから，かなり時間が経っています。しかしながら，弁護士として，顧問会社の相手方企業から提示された契約書をチェックしていると，未だに瑕疵担保責任（現在は債務不適合責任）の項目のままになっている，連帯保証人の条項があるものの極度額の記載がない（そのままでは無効です），などの不備をよく目にします。法律対応に熱心な企業から見ると，前近代的な会社という印象を受けることは否めません。こういう大きな法律改正があったときこそ，顧問弁護士がいるなら，しっかりと活用して，アドバイスを受け，また自社書式の改訂を行うべきだと思います。

§２　改正民法（債権法）の実務対策

ご存じのとおり，民法改正によって，これまでの瑕疵担保責任→契約不適合責任と名称が変わり，また，それに伴い規定の内容も変わっています。特に対消費者取引をする企業は，必ずこれまでの規定の見直しが必要です。

１　契約不適合責任①（サービス提供型の契約の場合）

事例１

Ｘ社は，住宅のリフォーム事業を営む株式会社である。

（１）Ｘ社は，2020年４月１日，Ｙ氏（個人）から，Ｙ氏の自宅キッチンのリフォーム工事を依頼され，これを引き受けた。Ｘ社は，2020年６月30日，このリフォーム工事を完成させ，Ｙ氏に引き渡した。またＹ氏は，2020年７月31日，Ｘ社に対し，リフォーム費用全額（500万円）を支払った。

なお，このリフォーム工事の際，Ｘ社は，キッチンの流しの上部に食器棚（以下「本件食器棚」という。）を設置する工事を行っていた。またＸ社はＹ氏との間で特に契約書を取り交わしていなかった。

（２）それから**約９年後**の2029年６月30日，本件食器棚が突然落下する事故が発生した。（ｉ）本件食器棚は，キッチンで食事の支度をしていたＹ氏の身体に当たり，Ｙ氏は全治２週間の傷害を負った。また，（ii）本件食器棚に収納されていたすべての食器が破損した。

Ｙ氏は，2029年８月１日，Ｘ社に対し，上記事故が起きたことを伝えた。Ｘ社がＹ氏の自宅に赴いて調査したところ，この事故の原因は，2020年当時の工事の際，Ｘ社の従業員が誤って，耐荷重の著しく低い棚板を用いており，その棚板が食器の重さに耐えきれなくなったためであることが判明した。なお，Ｙ氏はそれまで，本件食器棚に，耐荷重の低い棚板が用いられている事実を一切知らなかった。
（3）Ｙ氏は，2029年９月１日，Ｘ社に対し，①傷害の治療費用及び慰謝料（上記（ｉ））と，②破損した食器の時価相当額（上記（ii））を支払うよう請求し，また，③本件食器棚を無償で修理するよう請求してきた。
　Ｘ社は，たとえ９年前の工事であっても，上記①〜③の請求に応じなければならないだろうか。

【回答】 Ｘ社は，上記①〜③の請求に応じなければならない。

本項では，上記の事案を素材として，新民法における「契約不適合責任」を解説します。

⑴　サービス提供型の契約

事例のリフォーム契約では，Ｘ社は，Ｙ氏に対し，リフォーム工事というサービス（役務，仕事）を提供することを約束し，Ｙ氏はＸ社に対し，そのサービスの対価の支払を約束しているので，この契約は「サービス提供型の契約」といえます。現代では，サービス提供型の契約に該当する契約は極めて多く，建物の建築を請け負う契約，ソフトウェアを開発する契約，エレベーターの保守・点検を行う契約，ビルの清掃を行う契約などは，いずれも「サービス提供型の契約」といえます。

（注）サービス提供型の契約は，契約書のタイトルでは「請負契約」とか「業務委託契約」と記載されていることが多い。しかし，契約書のタイトルにかかわらず，実質的にサービス提供型の契約であれば，⑵以下の説明が当てはまる。

（注）売買契約や賃貸借契約は，サービス提供型の契約ではない。以下では一旦考えないこととする。（売買契約については２で説明する。）

（注）雇用契約もサービス提供型の契約ではない。以下では考えないことにする。

(2) サービス提供型契約の契約不適合責任

サービス提供型の契約において，その提供されたサービスに，契約の趣旨に反した何らかの不具合ないし不適切な点があったとします（これを「契約不適合」といいます)。例えば上記1の事例で，X社が，本件食器棚に，耐荷重の著しく低い棚板を用いていたことは，「契約不適合」です。

このような「契約不適合」があった場合，サービスの提供を受けた者（以下「サービス受領者」という）は，サービス提供者に対し，どのような請求ができるかという点につき，新民法は次のとおり規定を整備しました。

> (a) 目的物の修理等を請求できる（これを「履行追完請求権」という)。
> (b) ((a)を行うよう相当の期間を定めて催告したが，その期間内に(a)を行わない場合）その不適合の程度に応じて，代金減額を請求できる。
> (c) サービス受領者に損害が発生している場合，損害賠償請求ができる。
> (d) （その契約不適合が軽微である場合を除き）契約の解除ができる。

事例のY氏の請求のうち，①と②の損害賠償請求は上記(c)，③の修理請求は上記(a)に当たります。なお，仮に，X社が修理をするのを拒んだ場合，Y氏は(相当の期間を定めて催告をした後)，代金減額も請求できると考えられます(上記(b)) [1]。

（注）サービス提供者が負う上記のような責任を，新民法では「契約不適合責任」という（旧民法では「瑕疵担保責任」と言っていた)。

（注）旧民法でも，(a)（目的物の修補請求）(c)（損害賠償請求）(d)（解除）の権利は基本的に認められていた。(b)（代金減額請求）が認められるかについては争いがあった。

---

1 すでにY氏はX社に対しリフォーム代金全額（500万円）を支払っているため，その一部（減額分）を返還するよう請求できる。

(3)　サービス提供型契約の契約不適合責任の消滅時効期間

さらに，新民法は，サービス提供型契約の契約不適合責任について，その消滅時効期間を著しく延長しました。具体的には次のとおりです。

(x)　仕事の目的物を引き渡した時から10年間 または (y)　サービス受領者がその不適合の存在を知ってから５年間

※　(x)か(y)のどちらか短い期間となる。

※　生命・身体侵害の場合には特則がある（後に説明する）。

事例で考えると，Ｘ社が，リフォーム工事を完成させて引き渡したのは2020年６月30日であり，その10年後は2030年６月30日です（上記(x)）。他方，Ｙ氏が不適合の存在（つまり本件食器棚に，耐荷重の低い棚板が用いられている事実）を知ったのは，事故があった時点（2029年６月30日）と考えられます。その時点から５年後は2034年６月30日です（上記(y)）。この２つの時点のうち早く到来するのは2030年６月30日ですから，Ｘ社は，本件の契約不適合に関し，2030年６月30日まで責任を負うことになります。したがってＸ社は，2029年６月30日に起きた事故についても，責任を負担することになります。

ちなみに債権法改正前は，サービス提供型契約の契約不適合責任[2]の消滅時効の期間は，原則として引渡しから１年間でした（旧民法637条１項）。したがって，今回の改正は，サービス提供者（企業側）の契約不適合責任を著しく加重したものです。

（注）なお，本件の事例を少し変えて，例えば，本件食器棚に，引き渡された時点で誰もが気付くような，外観から見てすぐ分かるような故障があり，Ｙ氏がその修理を要求してきた場合には，上記(y)の「サービス受領者がそ

2　厳密には，当時は瑕疵担保責任。

の不適合の存在を知った時点」は，引渡時点となると考えられます。したがってその時点から５年後である2025年６月30日時点で，契約不適合責任（上記故障を修理する責任）は消滅時効にかかると考えられます。これに対し，事例における契約不適合はいわば「隠れた不適合」であり，何らかのきっかけがない限り，一般人がその不適合を知ることは困難ですから，結局，上記(y)の起算点は，事故が起きた時点と考える他ないと思います。

このように，上記(y)の期間は，その契約不適合が，「引渡時点で誰でも気付くような契約不適合」なのか，それとも「事故が起きるまで誰も気が付かないような隠れた契約不適合」なのかによって変わってくる点に留意していただきたいと思います。

(4) 対　策

上記のとおり，Ｘ社は，９年前の事故についても責任を免れないこととなります。Ｘ社はどうすればよかったのでしょうか。

Ｘ社は，Ｙ氏との間で契約書を取り交わし，その中に，「Ｙは，引渡日から１年以内に限り，Ｘ社に対し，契約不適合責任に係る請求（履行追完請求，代金減額請求，損害賠償請求，解除権）をすることができる。」という趣旨の条項を入れておくべきでした。もしこのような条項があれば，当該条項が優先して適用されるため，引渡日から１年を経過した時点で，Ｘ社は契約不適合責任から免れることができました。

以上に述べたところから，債権法改正後は，自社がサービスの提供者側に立つ場合には，契約書に，「自社が契約不適合責任をいつまで負うのか」の規定を入れたほうがよいです（もしそのような規定がなければ，サービス提供者は，引渡日から10年間，契約不適合責任を負わされる可能性が高いです）。

事例２

事例１を少し変えて，本件食器棚の落下事故が，引渡日から約19年後の2039年６月30日に起きたと仮定する。Ｙ氏が，2039年９月１日に，Ｘ社に対し，同じく①傷害の治療費用及び慰謝料の損害賠償請求，②破損した食器の時価相当額の損害賠償請求，③本件食器棚の修理請求をしてきた場合，Ｘ社は，応じなければならないだろうか。

【回答】 Ｘ社は，上記①の請求には応じなければならない。上記②と③の請求は消滅時効を援用すれば免れることができます。

(5)　生命・身体の侵害による損害賠償請求権の消滅時効

サービス提供型契約の契約不適合責任の消滅時効の期間は，原則として上記(3)で説明したとおりですが，これには「特則」があります。すなわち，その契約不適合に起因して生命又は身体が侵害された場合，その損害賠償請求権の消滅時効の期間は，次のとおりとなります。

(x)　仕事の目的物を引き渡した時から20年間
又は
(y)　サービス受領者がその不適合の存在を知ってから５年間

※　(x)か(y)のどちらか短い期間となる。

このように新民法は，生命・身体の侵害があった場合，被害者を保護する観点から，損害賠償請求権の時効期間を更に延長し，20年としています。

事例２では，Ｙ氏の請求のうち，①傷害の治療費用及び慰謝料の損害賠償請求権については，引渡日から20年後の2040年６月30日まで行使することができると考えられます。したがって，たとえ当該事故が2039年６月30日に起きたとしても，Ｘ社はなお（①の損害については）損害賠償責任を負うことになります。

これに対し，②破損した食器の時価相当額の損害賠償請求権，および③本件食器棚の修理請求権は，原則通り（上記⑶），引き渡したときから10年間で消滅時効は完成しています。したがってＸ社は，消滅時効を援用すればその責任を免れることができるます。

以上に対する対策も，⑷と同じです。すなわち契約書に，「自社が契約不適合責任をいつまで負うのか」の規定を入れておけば，その規定が優先して適用され，契約不適合責任が長期間存続することを避けることができます。

2　契約不適合責任②（売買契約の場合）

事例３

Ｐ社は化学工業を営む株式会社であり，Ｑ社は，工業用機械の製造販売を営む株式会社である。

Ｐ社は，2020年４月１日，Ｑ社から業務用の電動機（以下「本件装置」という。）を5,000万円で購入し，同日に引渡しを受けた。なおＰ社は引渡を受けたとき，本件装置に異常がないか検査したが，特に異常があるとは認められなかった。またＰ社はＱ社との間で特に契約書を取り交わしていなかった。

しかし，2021年１月１日（引渡日から約９か月後）になって，本件装置が突然故障して動かなくなった。Ｐ社はＱ社を呼び，本件装置を確認させたところ，本件装置中の一部の配線に誤りがあり，それが本件装置の故障につながったことが判明した。

Ｐ社は，2021年１月15日，Ｑ社に対し，本件装置を無償で修理するよう請求した。この請求は認められるだろうか。

【回答】 Ｐ社の請求は認められません。

前項では，「サービス提供型契約」の契約不適合責任を説明しました。本項では，「売買契約」の契約不適合責任についても説明します。

(1) 売買契約の契約不適合責任

売買契約において，その引き渡された売買目的物に，契約の趣旨に反した何らかの不具合ないし不適切な点（すなわち「契約不適合」）があったとします。例えば上記の事例３で，本件装置中の一部の配線に誤りがあったことは，「契約不適合」といえます。

このような「契約不適合」があった場合，買主は，売主に対し，次の請求をすることができます。

(a)　目的物の修理等を請求できる（履行追完請求権）

(b)　((a)を行うよう相当の期間を定めて催告したが，その期間内に(a)を行わない場合）その不適合の程度に応じて，代金減額を請求することができる。

(c)　買主に損害が発生している場合，損害賠償請求ができる。

(d)　（その契約不適合が軽微である場合を除き）契約の解除ができる。

このように，売買契約の契約不適合責任で買主が可能な請求は，サービス提供型契約の場合とほぼ同じです。

(2) 売買契約の契約不適合責任の消滅時効

しかしながら，売買契約の契約不適合責任の消滅時効は，サービス提供契約の場合と著しく異なっています。すなわち，その売買が会社間でなされている場合，消滅時効期間は次のとおりです（商法526条１項)。

売買目的物を引き渡したときから<u>６か月間</u>

事例３では，Ｑ社がＰ社に対し本件装置を引き渡したのは2020年４月１日ですから，2020年10月１日が経過した時点で，契約不適合責任の消滅時効が完成していることになります。したがって，Ｐ社が，Ｑ社に対し，2021年１月15日に修理請求をしても，Ｑ社は消滅時効を援用してこの義務を免れることができることになります。

（注）以上を定める規定（商法526条１項）は，債権法改正によって定められたものではなく，債権法改正前から存在していたものです。債権法改正によって，サービス提供契約の契約不適合責任の消滅時効期間は著しく延長されたのに対し，売買契約に関する上記の規定は修正されなかったので，両者間で大きな不均衡が生じることになりました。

⑶　対　策

このように，サービス提供契約では，契約不適合責任の消滅時効の期間が，サービス提供者側にとって長すぎるという問題があったわけですが，会社間の売買契約ではこれとは全く逆に，契約不適合責任の消滅時効の期間が，買主にとって短すぎるという問題があります。

以上の問題も，契約書で，契約不適合責任の存続期間に関する適切な条項を入れておくことで解決することができます。すなわち，（債権法改正の前後を問わず，）売買契約で自社が買主側に立つ場合，契約書中に，「自社が契約不適合責任をいつまで請求できるのか」の規定を入れたほうがよいです。

§ 3　保証①（極度額の定めが必要な場合）

事例４

Ｐ社は，賃貸用の高級マンションを所有している。Ｐ社は，2020年４月１日，Ｑ（個人）に対し，このマンションの１室を賃貸する契約（以下「本件賃貸借契約」という。）を締結した（賃料：月額50万円，期間：５年間）。またこの時，Ｐ社は，Ｑの叔父であるＲとの間で，連帯保証契約（以下「本件保証契約」という。）も締結した。この連帯保証契約書には，「Ｒは，ＱがＰ社に対し本件賃貸借契約に基づき将来負担する一切の債務について，連帯して保証する。」との文言があった。

しかしその後，Ｑは，2020年10月頃から賃料を滞納するようになり，その滞納は１年分に及んだ。そこでＰ社は，Ｒに対し，本件保証契約に基づき，滞納分の賃料600万円を請求した。この請求は認められるだろうか。

【回答】Ｐ社の請求は認められません。

本項と次項では，債権法改正により導入された，保証に関する新しい規制について説明します。これまでの保証の取り方，条項の内容では，保証自体が無効になってしまいますので，十分な注意が必要です。

⑴　根保証とは

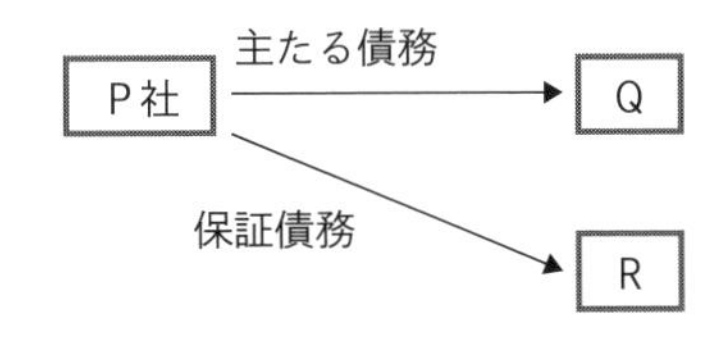

まず，保証契約の一般的なポイントを説明します。

① 保証契約は，債権者と保証人との間で締結するものです（事例４ではＰ社とＲ）。債務者(Q)は保証契約の当事者とはなりません。

② 必ず，保証債務によって担保される債務が存在します。これを「主たる債務」といいます。事例４では，「ＱがＰ社に対し本件賃貸借契約に基づき将来負担する一切の債務」ですが，平たく言えば，Ｑはマンションの賃借人であるところ，将来，Ｑが賃料の不払いを起こす，あるいは，マンションの部屋を破損するといった行為に及ぶことが有り得るので，その場合にＱがＰ社に対し負う可能性のある一切の債務（未払賃料債務，損害賠償債務等）ということです（その債務をＱが支払えない場合，Ｒが代わって支払うというのが保証の意味です)。

そして，主たる債務が特定されている保証を「特定保証」といい，主たる債務が特定されていない保証を「根保証」といいます。「主たる債務が特定されているか否か」は，契約締結時点において，主たる債務の金額がいくらになるか分かるかどうかで判断します。例えば事例４では，主たる債務がいくらになるかは，将来になってみなければ分からないので，主たる債務が特定されているとはいえず，根保証です。

なお，実務上，根保証が定められている例は多いです。例えば，第２部で詳細に説明した，会社間の売買取引基本契約書において，買主欄に会社（法人）が捺印し，かつ連帯保証人欄に買主の代表取締役（個人）が捺印していることがありますが，これは通常，根保証です（この場合，主たる債務は，買主（会社）が将来負う可能性のある代金債務や損害賠償債務です。会社がこれらの債務を万一支払えない場合，代表取締役個人が代わって支払う義務を負うことになります)。

⑵　個人根保証契約における極度額の定めの必要性

債権法改正により，個人根保証契約について重要な規制が入りました。すなわち，根保証契約における保証人が個人である場合，その根保証契約では必ず「極度額」を定めなければならず，もしこの極度額を定めていない場合，その根保証契約は無効となることとされました（新民法465条の２第１項）。

ここで「極度額」とは，その保証人が負担する負担金額の上限額のことをいいます。根保証契約の場合，主たる債務が特定されていないため，根保証人が過大な責任を負うことがあり得るので，保証人保護の観点から，その負担金額の上限をあらかじめ契約で定めさせることにしたのです。

事例４では，極度額を定めていないので，この連帯保証契約は無効となります。したがって，Ｐ社がＲに対し，滞納分の賃料600万円を請求することもできないことになります。

（注）上記の規制は，個人が根保証契約を締結する場合にのみ導入されている。法人が根保証契約を締結する場合には，極度額の定めがなくても有効である。

⑶　対　策

ではＰ社はどうすればよかったのでしょうか。Ｐ社は，連帯保証契約書において，例えば，次のように定めておくべきでした。

「Ｒは，ＱがＰ社に対し本件賃貸借契約に基づき将来負担する一切の債務について，連帯して保証する。その極度額は1,000万円とする。」

このように定めておけば，Ｐ社は，Ｒに対し，1,000万円までは請求することができます。なおもちろん，Ｑの滞納賃料が1,000万円を超えた場合，超えた部分についてＲに対し請求することはできないので，極度額をいくらとするかは検討が必要です。

以上から，契約書中に根保証を定める条項が存在し，かつ保証人が個人である場合，極度額の定めがあるか必ず確認する必要があります。

コラム　連帯保証人条項

下記のような旧来の契約書の連帯保証人条項ですと，改正民法以降の締結であれば，無効となってしまい，連帯保証人への請求は一切認められなくなってしまいます。

所に宛てて借主に対し書類等を送付しても、借主から何らの回答のない場合には、所在不明とみなす。

2　前項の場合において、貸主が連帯保証人に対し前項の処分を催告したにもかかわらず、連帯保証人がその処分を怠った場合ないしは連帯保証人も所在不明の場合には、貸主は自ら借主の承諾を要することなく、貸主の判断で本物件内の動産を廃棄等の処分ができるものとし、その場合借主は何らの異議も述べない。

（契約の消滅）

第18条　本契約は、本物件の全部または一部が天災、地変、火災その他貸主、借主双方の責めに帰さない事由により滅失した場合、ないし都市計画事業等による収用または使用制限によりその目的を達することができなくなった場合には当然に終了する。

（損害賠償）

第19条　借主が賃料等の支払いを遅滞したときは、これに対する年18％の割合による遅延損害金を支払わなければならない。

2　借主は、本人・使用人もしくはその訪問者等の故意または過失により、本物件ないしはその設備等に損害を与えたときは、直ちにその損害を貸主に賠償するとともに、近隣その他第三者に損害を与えたときは、自らの責任と負担においてその一切を賠償しなければならない。

3　貸主の責めに帰する事の出来ない天災、火災、盗難、建物設備及び構造上の欠陥、故障等の事由により借主の被った損害に対して、甲はその責めを負わないものとする。

（立退料等の請求禁止）

第20条　本契約が終了した場合、借主は、貸主に対して立退料・移転料・損害賠償その他名目のいかんを問わず一切の請求をしないものとする。ただし、本契約が貸主の都合により合意解約された場合には、貸主、借主協議の上、貸主は借主に対し相当の金員を支払う。但し６ヵ月前までに書面によって通知があった場合にはこの限りではない。

（契約期間中の修繕）

第21条　貸主は、借主が本物件を使用するために必要な修繕を行わなければならない。この場合において、借主の故意または過失により必要となった修繕に要する費用は、借主が負担しなければならない。

2　前項の規定にもとづき貸主が修繕を行う場合は、貸主は、あらかじめ、その旨を借主に通知しなければならない。この場合において、借主は、正当な理由がある場合を除き、当該修繕の実施を拒否することができない。

3　本物件内の床・壁・天井（塗装・壁紙の張り替えを含む）の修繕に関する費用は、原則として借主の負担とする。

4　要修繕箇所を発見した時は、借主は、すみやかに貸主に通知しなければならず、借主負担の修繕といえども必ず貸主と協議の上実施するものとする。

5　室内の清掃および照明灯の取替に関する作業と費用は借主の負担とする。

6　室内の借主が施工した内装、設備等の修繕に関する費用は借主の負担とする。

（連帯保証人）

第22条　連帯保証人は、借主と連帯して、本契約から生じる借主の一切の債務（貸主が第２条第３項に規定する通知をしなかった場合においては、同条第１項に規定する期間内のものに限る。）を負担するものとする。

2　借主は、連帯保証人が欠けたとき、または、連帯保証人が適当ではないと貸主が認めたときは、貸主の請求に従い、直ちに貸主が承諾する者に連帯保証人を変更しなければならない。

8/11　建物賃貸借契約書　62事業用建物／定期賃貸借契約
（公社）全日本不動産協会 '17

（再契約）

第23条　貸主は、再契約の意向があるときは、第２条第３項に規定する通知の書面に、その旨を付記するものとする。

2　貸主および借主が再契約を締結した場合は、第14条の規定は適用しない。ただし、本契約における原状回復の債務の履行については、再契約に係る賃貸借が終了する日までに行うこととし、敷金等の返還については、明渡しがあったものとして第５条第５項に規定するところによる。

（協議）

第24条　貸主および借主は、本契約書に定めがない事項および本契約書の条項の解釈について疑義が生じた場合は、民法その他の法令および慣行に従い、誠意をもって協議し、解決するものとする。

（管轄裁判所）

第25条　本契約に関する訴訟の管轄裁判所は、本物件所在地の管轄裁判所とする。

（特約条項）

第26条　第25条までの規定以外に、本契約の特約については、別に明記（２ページ）するとおりとする。

以上

8/11　建物賃貸借契約書　62事業用建物／定期賃貸借契約
（公社）全日本不動産協会 '17

§４　保証②（公正証書の作成が必要な場合）

事例５

Ａ社は，2020年４月１日，取引先のＢ社から，資金繰りが非常に厳しく，このままでは倒産も時間の問題であるため，資金を融通してくれないかという依頼を受けた。

Ｂ社が倒産した場合，Ａ社の事業にも多大な影響があるため，Ａ社は，Ｂ社に対し，貸付自体は行ってもよいと考えた。しかし，当該貸付は回収不能となるおそれも高いため，Ａ社に対し，回収が確実に可能な連帯保証人を立てて欲しいと要求した。

すると，Ｂ社の代表者Ｃからは，自分の妻の父親Ｄを連帯保証人とするという提案があった。Ｄは，Ｂ社の取締役でも株主でもない者であったが，不動産などの資産を有しており，保証人として適切と考えられた。そこでＡ社はＤと面談して連帯保証の意思を確認したところ，Ｄは，万一Ａ社が倒産した場合，自分が責任を持って支払うという趣旨を明確に述べた。

そこでＡ社は，2020年４月15日，Ｂ社に対し事業資金として400万円を貸し付けるとともに，Ｄとの間で連帯保証契約を書面で締結した。

しかしその後，Ｂ社の経営が上向くことはなく，半年後，Ｂ社は倒産した。そこでＡ社は，Ｄに対し，400万円の支払を請求した。この請求は認められるだろうか。

【回答】 Ａ社の請求は認められません。

(1)　保証契約に関し公正証書の作成が要求される場合

債権法改正では，個人保証人の保護という観点から，次のような規制が導入された。すなわち，下記①～④の要件をすべて満たしている場合，保証人となろうとする者は，保証契約の前1か月以内に，公正証書によって，「保証債務を履行する意思」を表示していなければなりません。もしこの手続がなされていない場合，保証契約は無効となります。

（注：以下において主債務者は株式会社であると仮定する。）

①　主たる債務が借入金債務であること。

②　主債務者が，自らの事業の事業資金に用いる目的で，①の金銭を借り入れていること。

③　保証人が個人であること。

④　保証人が，次のいずれかに当たる者ではないこと。

(i)　主債務者の代表取締役または取締役

(ii)　主債務者の株式のうち過半数を有する株主（直接有する場合の他，他の会社を通じて間接的に保有する場合も含む）

（注）④の規定から逆に考えると，主債務者の代表取締役，取締役，または過半数の株式を保有する株主を保証人とする場合には，公正証書を作る必要はないことになる。

事例5では，主たる債務は，B社がA社から借り入れた借入金債務です（上記①）。また主債務者（B社）は，資金繰りを回すために当該金銭を借り入れており，言い換えれば，事業資金に用いる目的で当該金銭を借り入れています（上記②）。保証人は個人です（上記③）。DはB社の取締役でも株主でもありません（上記④）。

したがって，事例5では上記①～④の要件をすべて満たしていますから，Dは，公正証書によって，「保証債務を履行する意思」を表示していることが必要でした。しかし，この手続が行われていないため，本件保証契約は無効であり，A社は，Dに対し，400万円の支払を請求することもできないことになります。

以上の規定が導入されたことから，他社に事業資金を貸し付ける場合において，個人の保証人を立てさせるときは，公正証書の作成が必要ではないか十分に留意する必要があります。少しでも疑義があれば，すぐに顧問弁護士に相談してください。

公正証書を作成するためには，日本全国にある公証役場を利用する必要があります。その場合，日本公証人連合会のURL（公証役場一覧¦日本公証人連合会（koshonin.gr.jp））から，会社から利便性の良い公証役場を探して，利用することになります。裁判所と違って管轄はないので，どこでも利用が可能です。不明な点は電話で問い合わせれば，親切に教えてくれると思います。公証人は定年で退官した裁判官や検察官の例が多く，豊富な法律知識があります。そこで，「ざっくりした案件」をもちこんで相談することも可能だと思います。公証役場に支払う手数料は，案件の金額などによって決まりますが，これも事前に問い合わせると良いと思います。また，公正証書の作成について，顧問弁護士にまるっきり任せてしまう，という方針も考えられます。おそらくは顧問契約の範囲外として，一定の報酬の請求を受けますが，紛争処理ではなく，あくまで手続業務，タイムチャージ制などで，それほど高い費用にはならないと思います。

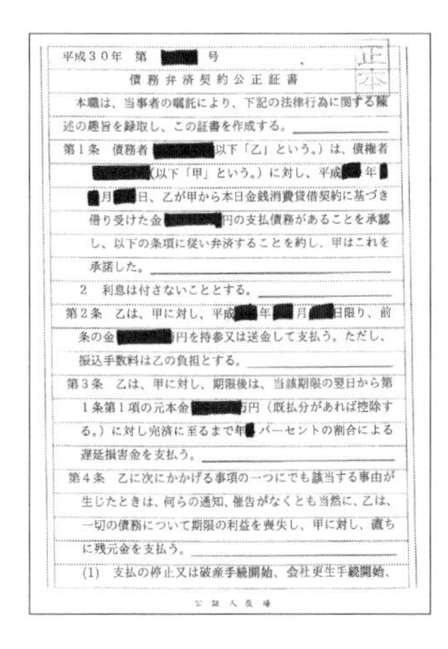
平成３０年　第　号　正本

債務弁済契約公正証書

本職は、当事者の嘱託により、下記の法律行為に関する陳述の趣旨を録取し、この証書を作成する。

第１条　債務者　以下「乙」という。）は、債権者　（以下「甲」という。）に対し、平成　年　月　日、乙が甲から本日金銭消費貸借契約に基づき借り受けた金　円の支払債務があることを承認し、以下の条項に従い弁済することを約し、甲はこれを承諾した。

２　利息は付さないこととする。

第２条　乙は、甲に対し、平成　年　月　日限り、前条の金　円を持参又は送金して支払う。ただし、振込手数料は乙の負担とする。

第３条　乙は、甲に対し、期限後は、当該期限の翌日から第１条第１項の元本金　円（既払分があれば控除する。）に対し完済に至るまで年　パーセントの割合による遅延損害金を支払う。

第４条　乙に次にかかげる事項の一つにでも該当する事由が生じたときは、何らの通知、催告がなくとも当然に、乙は、一切の債務について期限の利益を喪失し、甲に対し、直ちに残元金を支払う。

(1)　支払の停止又は破産手続開始、会社更生手続開始、

公証人役場

また、本書は、貴殿が受領しない場合を考慮して、通常郵便でも、同文を送付致しますので、御了解下さい。

草々

　月　日

〒１００－００１１
東京都千代田区内幸町一丁目１番７号
日比谷Ｕ－１ビル１６階
さくら共同法律事務所
電　話　０３－５５１１－４４０６
ﾌｧｸｼﾐﾘ　０３－５５１１－４４１１
通知人代理人　弁護士　千　原　曜

〒

殿

§５　定型約款①（拘束力が生じる要件）

事例６

Ｋ社は，家庭用浄水器の販売を行う株式会社である。Ｋ社は，インターネット上に販売用のウェブサイト（以下「本件サイト」という。）を設けており，主にこのサイトを通じて，一般消費者に対する販売を行っている。

Ｋ社は，この本件サイトにおける浄水器の販売に関し，購入約款を定めていたものの，浄水器の注文画面では，「当社の定める購入約款を，本契約の内容と致します。」と１行だけ表示していた。

Ｋ社は，

（ａ）注文画面に，この購入約款の全文を全く表示させていなかった。

また，

（ｂ）「この購入約款に同意します。」とのチェックボックスを設けて，チェックボックスにチェックをしなければ購入申込みができないといった仕組みも設けていなかった。

Ｋ社は，この購入約款の効力を，浄水器購入者に対し主張することができるだろうか。

【回答】 Ｋ社は，原則として，浄水器購入者に対し，購入約款の効力を主張することができます。

(1)　定型約款に関する規定を設けた理由

現代では，大量の取引を迅速かつ安定的に行うため，事業者が契約に際して約款を用いる例が多くなっています（例えば，インターネットを通じた物品売買における購入約款や，市販のコンピュータソフトウェアのライセンス規約，各種会員契約など）。

しかし，約款を用いた取引では，通常，顧客は，約款に記載された個別の条項の内容を理解していないため，なぜ約款中の個別の条項に顧客が拘束されるのか，問題となる余地がありました。

また，約款を作成した事業者が，経済環境の変動等に対応するため，契約締結後に約款を一方的に変更したいと考えることがあります。これは契約の一方的な変更に当たるため，民法の一般的な理論によると，相手方の個別の同意が必要となる。しかし，そのように相手方全員から個別の同意を得るのは通常，多大な時間やコストを要することになるため，この点についても何らかの手当をする必要性が生じていました。

そこで新民法では，

① 事業者が顧客に対し約款の効力を主張するには，どのような要件を満たせばよいのか（本項で解説），

また，

② 事業者が契約締結後に約款の内容を変更したい場合，どのような要件を満たせばよいのか（次項で解説）につき規定を設け，上記の問題について一定の手当をしたものです。

(2) 約款の要件

ところで，上記の問題の前提として，そもそも**「約款」とは何か**という問題があります。すなわち，もし約款に当たる場合，以下で説明するような特別の規制がかかるので，まずこの点を検討する必要があります。

新民法が定めている要件は次のとおりであり，下記の(i)から(iii)を満たしている場合，その条項の総体が「約款」となります（新民法はこれを「定型約款」と呼んでいます。）。

(i) 一方の当事者が，その取引における契約内容とする目的で，条項の総体を準備していること。

(ii)　その取引が，不特定多数の者を相手方として行われるものであること。
(iii)　契約内容を画一的に定めることが，事業者および顧客の双方にとって合理的といえること。

事例6について検討すると，K社の購入約款は，K社が，本件サイトにおける浄水器販売という取引の契約内容とするために，準備したものです（上記(i)）。この取引は，不特定多数の顧客を相手方として行われています（上記(ii)）。また，インターネット上の取引であるので，その契約条件につき，事業者と顧客との間で1つずつ交渉して決めていくということは，通常は現実的ではなく，契約内容を画一的に定めておいたほうが双方にとって合理的です（上記(iii)）。

したがって，事例6の購入約款は，新民法上の「定型約款」といえます。

(3)　約款の拘束力が生じる要件

そして，上記(2)で当該条項の総体が「定型約款」に該当する場合，事業者は，相手方に対し，あらかじめ，「その定型約款を契約の内容とする」ことを表示しておけば（それだけで），事業者は，相手方に対し，その約款の効力を主張できる（厳密には，その約款の個別の条項について合意をしたものとみなされます）（新民法548条の2第1項第2号）。

したがって事業者は，上記の要件を満たしておけば，①当該約款の全文を顧客に表示しておく必要はなく，②また，チェックボックスにチェックを入れさせるといった手続を設ける必要もないことになります[3]。

ただしこの場合，顧客は，事業者に対し，その約款の内容を見せるよう請求

3　そもそも，①のように約款の全文を表示しておいたとしても，それを一々読む顧客はほぼいないと考えられるし，②のようにチェックボックス方式を採ったとしても，約款を読んで熟慮の上，チェックボックスにチェックする顧客はやはりほとんどいないと考えられる。このように，①②の手続を採ることを要件としても，顧客の保護につながるわけではないので，このような要件は設けられなかった。

することができ，事業者は，この請求を受けたときは遅滞なく当該約款の内容を示さなければなりません（新民法548条の３第１項）。事業者がこの請求を拒んだ場合，約款の効力を主張することができません（同第２項）。このような形で，顧客が約款の内容を知る権利が保障されています。

事例６では，Ｋ社は，浄水器の注文画面で「当社の定める購入約款を，本契約の内容と致します。」と表示しているので，上記の要件を満たしており，Ｋ社は，購入者に対し，購入約款の効力を主張することができます。

事例７[4]

事例６において，Ｋ社は，購入約款中に，「浄水器購入者は，購入後２年の間，毎月浄水器のメンテナンスサービスを月額５万円で受ける義務を負う。」という条項を入れていた。この場合，浄水器購入者は，このメンテナンスサービスを受けることを義務付けられるのだろうか。

【回答】Ｋ社が，浄水器購入者に，メンテナンスサービスを受けることを義務付けることはできません。

⑷　不当条項規制

事例６で説明したとおり，定型約款については，かなり緩やかな要件で，顧客に対しその効力を主張することができるようになりました。しかしながらこのような制度にすると，上記の事例７のように，定型約款中に不当な条項が入っていた場合，顧客の利益が害されるおそれがあります。そこで新民法は，定型約款中に次の①および②の双方を満たす条項があったときは，その条項は無効（厳密には，事業者と顧客間で合意をしなかったとみなされる）としまし

4　この事例は，潮見佳男他編『Before/After民法改正』（弘文堂・2017）350頁を参考にしました。

た（新民法548条の２第２項）。

①　相手方の権利を制限し，または相手方の義務を加重する条項であること。

②　その条項が，取引の態様，取引の実情，取引上の社会通念に照らして，信義則に反しており，相手方の利益を一方的に害するものであること。

事例７における，浄水器購入者に，購入後も月に１度，メンテナンスサービスを有料で受けさせる条項は，顧客の義務を加重するものです（上記①）。また社会通念上，顧客にとっては予想外の条項であり，信義則に反している上，顧客の利益を一方的に害するものといえるでしょう（上記②）。

したがって，事例７の条項は，Ｋ社と浄水器購入者間で合意をしなかったとみなされるから，浄水器購入者が，メンテナンスサービスを受けることを義務付けられることはありません。

第○条（申込の方法）

1．本サービスを申し込む場合には，当社が別途指定する方法によって，当社に対して申込を行うものとします。

2．本サービスの申込に際しては，本利用約款のすべての内容を確認してください。当社は，本サービスの申込があった場合には，本利用約款に同意したものとみなします。本利用約款は民法548条の２が定める定型約款に該当し，本サービスの利用者（以下，「お客さま」という。）は本サービス上において，本利用約款を利用契約（次条第１項において定義される。）の内容とする旨を同意したときに，本利用約款の個別の条項についても同意したものとみなされます。

§6　定型約款②（変更）

> **事例8**[5]
>
> Ｌ社は，クレジットカードを発行する会社であり，従前，「年会費無料」のクレジットカードの発行により，その発行枚数を伸ばしてきた。しかし近年，この「年会費無料」のクレジットカード発行に伴う諸経費が，Ｌ社の経営を圧迫するようになったため，Ｌ社は，「年会費無料」を撤廃し，年会費500円を請求する形に変更できないか検討している。
>
> 具体的には，Ｌ社のクレジットカード利用規約第Ｘ条には，「会員は，カードの利用に関し，年会費を負担しないものとします。」との規定がある（以下この規定を「本件規定」という。）ため，この規定を，「会員の年会費は500円とします。」という趣旨の条項に変更できないかと考えている。
>
> Ｌ社は，本件規定の変更を行うことができるだろうか。

【回答】 Ｌ社は，本件規定の変更を行うことができる可能性が高いです。

本項では，上記の事案を素材として，定型約款変更の要件を説明します。

(1)　定型約款変更の要件

ア　要件①（実体面）

まず，(a)その定型約款の変更が「相手方（顧客）の利益となる場合」には，事業者は自由にその変更を行うことができます（新民法548条の４第１項第１号）。顧客の利益となるような変更であれば，通例，そのような変更には顧客も同意するでしょうから，このような変更は広く許容されています。

5　この事例は，潮見佳男他編『Before/After民法改正』（弘文堂・2017）354頁を参考にしました。

次に，仮にその変更が相手方の利益とならない変更であっても，(b)その変更が，(i)契約をした目的に反しておらず，かつ，(ii)諸事情に照らして合理的といえるときは，事業者はその変更を行うことができます（新民法548条の4第1項第2号)。これを正面から認めた法律は過去になかったので，その意味で画期的なものです。

そして，上記（ii）の合理性の判断に当たっては，次のような事情を考慮すると定められています（新民法548条の4第1項第2号)。

①　その変更の必要性。 ②　変更後の内容の相当性。 ③　その約款中に，約款の変更が有り得るという趣旨の規定があるか。またその内容は顧客に配慮されたものとなっているか等。 ④　その他の諸事情。

上記③から，定型約款中に，「当社は，この約款を変更することができるものとします。」等と定めておくことには，大きな意味があります（そのような定めがあると，合理的な変更と認められやすくなります)。

事例8における利用規約の変更は，年会費を値上げするものですから，上記(a)（顧客の利益）の要件を満たすことは無理です。では上記(b)の要件は満たすでしょうか。

まず，年会費の値上げは，諸経費がL社の経営を圧迫するようになったために行うものであり，「変更の必要性」は一応あるといえます（上記①)。

また，変更後の年会費は500円であり，不相当に高額とはいえず，この程度であれば「変更後の内容の相当性」も一応あるといえるでしょう（上記②)。

なお，もしL社が，クレジットカード利用規約中に，「当社は，この約款を変更することができるものとします。」といった規定を設けていれば，それも有利に働く事情となります（上記③）。

以上の点を考慮すると本件では，上記(b)の要件を満たしている可能性が高く，事例８の変更も基本的には可能と考えられます。

イ　要件②（手続面）

また，実際に定型約款を変更する場合には，次の(x)から(z)の内容を，インターネットその他の適切な方法により周知しなければなりません（新民法548条の４第２項）。そのような周知をせずに約款を変更するということは，およそ認められません。

(x)　定型約款を変更する旨
(y)　変更後の定型約款の内容
(z)　(x)の効力発生時期

事例８でＬ社が利用規約の変更を行う場合も，Ｌ社は，上記(x)から(z)を適切な方法で周知することが必要です。具体的には，ホームページ上で変更の趣旨を掲載するとともに，各会員に対し電子メール等で通知することが考えられます。

第○条（本利用約款の変更）
１．当社は以下の場合に，当社の裁量により，本利用約款を変更することができます。
⑴　本利用約款の変更が，お客さまの一般の利益に適合する場合。
⑵　本利用約款の変更が，利用契約をした目的に反せず，かつ，変更の必要性，変更後の内容の相当性，変更の内容その他の変更に係る事情に照らして合理的なものである場合。
２．当社は前項による本利用約款の変更にあたり，変更後の本利用約款の効力発生日の前に相当な期間をもって，本利用約款を変更する旨及び変

更後の本利用約款の内容とその効力発生日を当社のウェブサイトに掲示し，またはお客さまに電子メールで通知します。

第6部

企業倫理を重視する目的について

さて，ここまで実務的な話のみでしたが，最後に「企業倫理」という観点から考えてみたいと思います。企業経営者の場合，「利益を上げれば良いだろう」「法律のグレーゾーンを狙えば儲かる」，「法律を守ることなど利益を上げることに比べて二の次だ」などの考え方を持っている方が多いという印象です。

それでも順調に業績を伸ばすことも多いですが，いつか落とし穴にはまると思います。そういう意味で，法務担当者にとって，企業倫理を重視するという視点もとても大事です。

Ⅰ 企業倫理を遵守する基本的な目的は？

以下のような状況を避けるのが，基本的な目的だと思います。

- 法令に違反して，会社が行政処分を受ける，関係者が刑事罰を受ける。
- 法令に違反する等の結果，金銭的な損害を被る。
- 法令に違反する等し，公表された結果，レピュテーションの低下を招く。

等です。

記者会見をして，報道陣の前で企業経営者が頭を下げる図は，まさに悪夢と言えるでしょう。また，反社勢力との関与の結果，役員などの身体に危険が及ぶなどは，最悪であり，もっとも避けるべき事態だと思います。

そして，企業倫理の重要性については，社会的に認知され，世間の関心も高まっている部分だと思います。

Ⅱ 「王将事件」に関する第三者委員会の調査報告書の公表内容とその評価

今でもよく話題になるタイムリーなテーマです。報道などでも話題になり，また会社から平成28年３月29日付で，約100ページの詳細な報告書が公開されています。企業倫理を考えますと，教訓の多い内容ですので，本書でご説明したいと思います。

1 報告書に基づく王将事件の概要

創業者一族が，「反社」の疑いが強いＡ氏（および，その会社）と，火災を起こした店舗の処理をめぐり，付き合いを始め，その後長年にわたって，多額の金銭が絡む不透明な取引を行い，大半が回収不能となった。会社は，これらの問題を隠蔽してきた上，平成25年には，代表取締役が何者かによって射殺されるという衝撃的な事件が起きました。

2 報告書が指摘する原因と考えられる問題点

(1) 「取締役会」の審議の状況

大東氏（殺害された代表取締役）が議長を務めていた期間は，議案についての質問，意見を述べる例は，ほとんど見られなかった。

→取締役会の形骸化の問題点。多くのオーナー企業で見られる現象です。

(2) 「リスクマネジメント会議」

反社会的勢力との接触等のリスクは，要重点対応リスクに含まれていない。

取締役会でも，当該会議の活動状況は，ほぼ議論されていなかった。

→反社対策をリスクとして認識していないことが大きな問題です。企業が反社と関係することは，覚醒剤を打つようなもので，一時，良い気持ちが得られるかもしれませんが，最終的には破滅が待っています。

(3) 「コンプライアンス委員会」

存在はしたものの下記のように，ほぼ形骸化していた。

→「コンプライアンスマニュアル」案は，作成されたものの，正式採用されなかった。

(4) 委員会自体の形骸化

取締役会でも，コンプライアンス委員会の会議の活動状況は，ほぼ議論されていない。

ということで，取締役会と同じくコンプライアンス委員会も名ばかりのものでした。

(5) コンプライアンス研修等の未実施

→役員，従業員に対し，コンプライアンス研修を実施した事実がない。これほど大きな企業体において，コンプライアンス研修を実施していないというのは驚きです。どの会社でも，コンプライアンス研修やアンケートの実施などを定期的に行って，全社的にコンプライアンスの重要性を認識すべきです。

(6) 反社を疑われる人物とその会社との間の，長年かつ多額の取引（結果として，多額の損害を出している）

→反社とのわずかな付き合いだけでも大きなリスクがあるものです。ましてや継続的に多額の取引を行うなど，考えられないことです。

(7) 創業者一族の強い影響，取締役会の合理性のない複数回の妥協

→前述した取締役会の形骸化と同じです。創業者，オーナーなどの立場の方も，広く内部，外部の意見を聞くことの重要性を認識すべきでした。

(8) 上場審査において「関係当事者取引の指摘」を受けても，問題を重視せず，解消できない状況でした

→上場審査では，会社と，創業者の影響が強い会社など，不正が起きる可能性のある取引の解消を求められます。これらにきちんと対応していれば，今回のような問題は起きなかったものです。

コラム　反社排除条項

私が弁護士になった30年以上前は，暴力団関係者が民事案件に登場してくるのは，日常茶飯事でした。特に高額の不動産案件や企業倒産案件などには，相当の割合で暴力団関係者が登場しました。私も事務所で暴力団関係者と交渉を行い，○○組，○○会などと書かれて，代紋が印字された名刺を受け取ることに全く違和感がありませんでした。新人弁護士としては，内心びくびくでしたが，相手に悟られないように，一生懸命平静を装っていたことを懐かしく思い出します。

今の企業（や弁護士）は，そういう経験をしなくても良いので，本当に良かったと思います。ただ，全く消え去ったわけではないので，引き続き注意が必要です。上場企業などは，基本的には，新規企業と取引する場合は「反社チェック」と言って，民間の専門企業（Webで検索してください）に依頼して，反社や犯罪歴等の調査を行います。これらは１件当たり数千円程度のわずかな費用でできますので，一般企業でも行ってもよいと思います。または，ちょっと疑わしいな，と思われる時に利用されることでもよいと思います。「この時代」ですので，知らずに取引をしていたとしても，反社との関与は，関わってしまった企業にとっても，他の取引先との取引停止（特に銀行などの金融機関との取引停止，債務の一括弁済請求など），大きなリスクがあります。以前にご説明したように，契約書に反社排除条項を設ける，というのも，このような企業防衛の見地からも大事なものです。

Ⅲ 「王将事件」から考える，企業の倫理上のポイント

社外役員，あるいは，顧問弁護士として，いろいろな企業様の経営に関与していると，王将事件は，異例なこととは思えません。以下のような問題は，実際に数多く存在し，時に問題となり，時に，たまたま幸運にも問題が表面化しない，といった状況だと思います。

(1) 客観的に見ると明らかな「問題事項」が，「長年の慣習」「社風」のような形で，見過ごされているケース

→冒頭に挙げた東芝，電通，三菱自動車工業などのケースも，このような側面があると思います。外部から見れば異常でも，長年，その会社にいれば，異常に気付きません。あるいはリスクがないものと軽信します。

(2) 創業社長など一部のカリスマ経営者などに権力が集中し，取締役会以下のガバナンス機構が事実上，機能しない

→上場会社では，コーポレートガバナンスコードの導入によって，外部役員が積極的に取締役に加わる必要がありますが，会社側の体制が整わないと，単なる「お飾り」としてムダに経費がかかるだけ，という形になってしまいます。

(3) 取締役会自体の形骸化

→上記に関連しますが，資料が事前に開示されない。当日も重要部分が隠されている。特に外部の取締役，監査役などが発言することはない。あるいは，発言しても考慮されない等はよくあることです。取締役会というのは，会社の健全な存続のためにプラスになる存在と考え，取締役や監査役構成を考え，実際に機能させるという考え方が必要だと思います。

(4) 「関係当事者取引」を，「既得権」と考え，経営者側に問題意識がない

→会社は，上場した場合が典型ですが，ある程度の規模になれば，「公のもの」と考え，企業倫理上，手心を加える可能性のある企業との取引は控えるべきでしょう。

(5) 経営陣が，親族など内部者で固められている

→会社にとっての重要事項の決定が「密室」で行われ，また，外部の知識，価値観が入る余地がなくなってしまいます。親族ではなくても，共通の利害，価値観の「身内」だけでの意思決定は同様でしょう。

(6) 法律の変更，東証などの規則の変更，あるいは上場準備など，ガバナンスを強化，あるいは，見直す機会に，表面的，形式的に対応するだけで，結果としてリスクを防ぐ機会を逸してしまう

→上記は，一面，煩わしいことではありますが，反面，企業倫理の方向性を正す絶好の機会といえるでしょう。

(7) 企業にとって「ネガティブなケース」への対応が，第１に「外部への隠蔽」に走りがち

→社会に公になることを極端に嫌い，その結果，反社会的勢力につけ込まれるきっかけとなるケースが多いです。極端な話，謝罪の記者会見をしたからといって，企業が倒産するものでもありません。顧問弁護士のアドバイスを受けるべき典型的な場面だと思います。

(8) 「反社会的勢力」対応についての楽観的な考え

→企業側の「楽に解決しよう」「社会に公にせずに隠蔽しよう」という姿勢の中に入り込んできます。また，報道された賭博に関わったプロ野球の若手選手やバドミントン選手などを見ても分かるように，「全く常識のない人」もいる前提で考えなければなりません。

(9)　会社業務に「直接関係する法律」，もしくは「会社の現況から注意すべき法律」について，理解，リスク認識が全社的に行われてない

→会社の一部の人にとって常識でも，他の役員，社員には常識ではない可能性があります。業法に基づく行政処分（２年間の業務停止命令などもあります）などは，会社にとって深刻なダメージとなります。

(10)　反社チェックの重要性

→王将の例が典型ですが，一旦，反社企業との取引が始まってしまえば，解消することについても，大変な苦労，リスクが出ます。きちんとチェックを行って，反社組織との取引をスタートしないことが重要です。

(11)　肝心な時に顧問の法律事務所，その他の専門家を利用しない

→王将事件でも，反社との付き合いのきっかけとなった火災の処理は，多少，回り道であっても，法律事務所など専門家を利用しての解決が十分に可能なものだったと思います。やはり，弁護士，公認会計士，税理士など，資格を持った専門家を有効活用すべきだと思います。資格のある専門家は，法律によって守秘義務などの義務を課せられ，違反すると職を失うリスクを持っています。そしてレピュテーションをとても大切にします。一方，資格のないコンサルタント等は，そのようなことがありません。資格のある専門家と付き合い，信頼できる専門家であれば，大事にすることです。

最後に

法律を知ること，守ること，適切に利用すること，そして企業倫理の重要性をご理解いただけたでしょうか。やはり法律事務所の利用の重要性は明らかだと思います。

最後に，会社の顧問弁護士の立場から，適切に法律事務所を利用するための，いくつかのアドバイスをさせていただきたいと思います。

弁護士への相談について
1　遠慮せず早めに相談する。
2　なるべく背景の説明をする。
3　会社側の考える問題意識も明らかにする。
4　口頭よりもメールなどが望ましい（場合が多い）です。
5　弁護士と対応する担当部署は，集約することが望ましいです。
6　新たに弁護士担当法務担当者を雇用する場合は，可能であれば略歴等を教えて欲しい。
7　担当法務担当者について，弁護士側で経営者側に意見具申をすることが可能なシステムにして欲しい。
8「この案件は相談していいものやら？」と迷ったときは，遠慮なく相談して欲しい。
9　弁護士としては，相談だけではなく，最終結果を共有したいという希望があります。
10　以上のもとに，相互に良好なコミュニケーションを取りたいと思います。

参考文献・資料

筒井健夫・村松秀樹編著 2018年『一問一答　民法（債権関係）改正』（商事法務）
潮見佳男著 2017年『民法（債権関係）改正法の概要』（金融財政事情研究会）
日本弁護士連合会編　2020年『実務解説　改正債権法［第２版］』（弘文堂）
松岡久和他編 2020年『改正債権法コンメンタール』（法律文化社）
潮見佳男他編 2017年『Before/After 民法改正』pp.350-351, 354-356（弘文堂）
潮見佳男他編 2018年『詳解　改正民法』（商事法務）
滝 琢磨著 2019年『契約類型別　債権法改正に伴う契約書レビューの実務』（商事法務）
村松秀樹・松尾博憲著2018年『定型約款の実務Ｑ＆Ａ』（商事法務）
さくら共同法律事務所編 2019年「改正民法解説講座　討議資料」
さくら共同法律事務所「御通知（ひな形）」
さくら共同法律事務所「法律顧問契約書（ひな形）」
さくら共同法律事務所「破産手続開始通知書（ひな形）」
さくら共同法律事務所「最終通知書（ひな形）」
さくら共同法律事務所「債権者申立の破産事件の説明」
さくら共同法律事務所「債務弁済契約公正証書（ひな形）」
帝国データバンク 2020年「全国企業倒産集計」
「王将事件」第三者委員会 2014年「王将事件に関する調査報告書」

索　引

あ行

違法な取立……99

か行

確認書……35
瑕疵担保責任……62
企業倫理……158
期限の利益の喪失……64
危険負担……62
強制執行……119
強制執行妨害罪……7
行政書士……12
極度額……143
景品等表示法……15
刑法……14
契約の解除……64
契約不適合責任……62
欠席判決……5
合意管轄……76
公証役場……147
公正証書……145
公認会計士……11
個人情報保護法……15
個人根保証契約……143
個別契約……47

さ行

債権法改正……130
下請法……14
司法書士……11
社会保険労務士……12
守秘義務条項……68
商業登記簿謄本……31
消費者契約法……15
商法……13
製造物責任法……14
税法……14
税理士……11
訴訟の提起……112
損害賠償条項……66

た行

遅延損害金……66
知的財産権……13
着手金……119
注文請書……47
定型約款……148
電子内容証明郵便……103
動産執行……120
倒産法……14
独占禁止法……14
取り込み詐欺……28
取引基本契約書……53

な行

内容証明郵便……100
根保証……141
念書……35

は行

発注書……47
パワハラ防止法
(改正労働施策総合推進法)……16
反社排除条項……76
表明保証……73
不可抗力条項……68
不動産登記簿謄本……31
弁護士……10
弁護士費用……114
弁理士……11
報酬金……119

ま行

民間信用情報機関……29
民事訴訟法……14
民法……13

ら行

連帯保証人……38, 78
労働法……13

●さくら共同法律事務所紹介●

1．主要業務

■訴訟　■企業法務　■M&A　■不動産関連法務　■労働問題　■知的財産権
■特定商取引法・景品表示法　■国際取引　■倒産・事業再生
■ゴルフ場関連問題　■公益・社会貢献活動　■個人のお客様

2．事務所の理念

【理念】

わたくしたちは，

法の支配を重んじ，
貧富を問わず，
依頼者の権利及び利益を最大限擁護し，
権力におもねることなく，
世界的な視野に立ち，
弁護士倫理を遵守し，
誠実に職務を遂行し，
社会に貢献する

ものとします。

3．依頼者層

依頼者層は，個人，小規模企業，中堅企業から一部上場会社まで極めて広範囲にわたっている。

弁護士
千　原　　曜

【所在地】
〒160-0004
東京都新宿区四谷１丁目６番１号 四谷タワー８階
電話03(6384)1120(代表)　ファクス03(6682)4329

●著者紹介

千原　曜（ちはら　よう）

1961年東京生まれ。1985年司法試験合格。1986年早稲田大学法学部卒業。1988年に弁護士登録し，さくら共同法律事務所に入所する。1994年よりパートナー弁護士。現在，約170社の顧問弁護士を務める。会社法，労働法，知的財産法等の企業法務上の一般的な法分野に加え，特定商取引法，割賦販売法・景品等表示法・不正競争防止法等を専門分野とし，また，数多くの大規模企業再生・倒産事件を手掛けてきた。

【主要著書】

『こんなにおもしろい弁護士の仕事』『Q&A 連鎖販売取引の法律実務』（中央経済社刊）
『元気な会社こそ知っておきたい「よい倒産」の実務』（CCCメディアハウス刊）他多数。

中小企業法務部員のための法律知識

2022年1月5日　第1版第1刷発行

著　者　千　原　　曜
発行者　山　本　　継
発行所　㈱中央経済社
発売元　㈱中央経済グループパブリッシング

〒101-0051　東京都千代田区神田神保町1-31-2
電話　03（3293）3371（編集代表）
03（3293）3381（営業代表）
https://www.chuokeizai.co.jp
印刷／㈱堀内印刷所
製本／㈲井上製本所

ISBN978-4-502-40071-1　C3032